CW01501989

L'art de mettre
les choses
à leur place

DOMINIQUE LOREAU

L'art de mettre les choses à leur place

Illustrations : Christian Robert de Massy

SOMMAIRE

INTRODUCTION

« Je me souviens des lèvres de ma mère… elle avait une maladie mentale. Tout d'abord, elle avait perdu toute son énergie. Elle ne pouvait plus ni trier ni ranger correctement les factures, les lettres ou les friandises qu'on lui offrait. À l'image de ce qu'elle ressentait, la maison toute entière s'est trouvée plongée dans la plus grande confusion. Un concombre pourrissant était abandonné sur le meuble à chaussures, ses cheveux flottaient à la surface des poissons tropicaux. »

Yoko OGAWA,
Une parfaite chambre de malade

Régulièrement, à chaque début d'année, nous prenons de bonnes résolutions : « Cette année je vais maigrir, être plus organisée, ranger… ». Nous voulons redémarrer sur de nouvelles bases. Nous décidons d'éliminer, de nettoyer, de ranger. Comme si nous éprouvions le besoin de nous purifier, de remettre de l'ordre dans nos vies pour les rendre meilleures et plus belles.

Chacun connaît en effet le rôle que joue l'ordre au quotidien, la place qu'il tient dans la vie. Mais du rangement comme on l'entend familièrement, il y a beaucoup à dire parce que, sous son allure d'activité banale et facile, il n'en sécrète pas moins une somme importante de recherches d'abord, d'applications ensuite, et parfois d'astuces. Bien sûr, il est toujours possible de faire appel à des professionnels de l'organisation à domicile ; cela est non seulement coûteux mais, en plus, inutile au long terme. Car l'ordre c'est, plus qu'une affaire de moyens, l'art de mettre en pratique son bon sens. Et ranger, nous le verrons tout au long de ce livre, ce n'est pas cacher les choses, mais les ordonner, les disposer avec soin jusque dans ses placards.

Montre-moi tes placards, je te dirai qui tu es

> « Une place pour chaque chose… chaque chose à sa place. »
>
> Précepte populaire

Cette règle, des générations l'ont entendue, dite et répétée des milliers de fois. Mais combien en ont pénétré le sens exact ? Même en voulant l'appliquer, est-il toujours aisé de disposer des moyens et des outils nécessaires ? L'ordre n'est pas inné, loin de là ! Chez l'enfant, on le rencontre plutôt rarement à l'état spontané. Et si nombre d'adultes en ont le souci, les promoteurs immobiliers, eux, se préoccupent moins de savoir où nous rangerons nos affaires que de faire de bons profits : Les « belles surfaces » qu'ils nous font visiter, dépouillées pour gagner quelques mètres carrés, manquent cruellement de rangements. Alors, dès que nous avons emménagé, nous nous rendons compte que l'espace est vite enlaidi par notre fatras et que nous ne savons ni où ni comment agencer ce dernier. Pour ceux qui ont la chance d'être propriétaires (et argentés), il est toujours possible de faire menuiser placards, dressings et cuisines aménagées, de commander à un architecte cellier et buanderie. Mais pour les autres, la seule solution est soit d'acheter des meubles « provisoires » (bon marché) qui leur « colleront au dos » des années durant (parfois plusieurs décennies), jusqu'à ce qu'ils s'installent vraiment, soit de camper dans leurs cartons. Pourtant rassurez-vous. Que vous viviez seul, en couple ou avec une famille, que vous ayez beaucoup de meubles et une vie sédentaire ou que vous déménagiez tous les six mois ou bien encore que vous ne vouliez pas vous « embourgeoiser » avec une tonne de meubles, vous pouvez vivre rangé et organisé. Plus que des techniques sur le rangement classique, cet ouvrage va vous proposer quelques idées astucieuses quant à l'utilisation maximale des tringles, des boîtes, des casiers, des étagères ou des rideaux. Ce système de rangement peut être adopté aussi bien par les personnes désordonnées de nature que celles aimant l'ordre mais ne sachant comment l'appliquer ; par celles aux moyens financiers réduits ou celles voulant rester libres de possessions superflues. Au-delà de ces questions purement pratiques, c'est une nouvelle philosophie de vie qui vous est proposée ici, pour ainsi avoir plus de temps pour vous, pour les autres, profiter de l'instant présent en désencombrant votre esprit. Chaque chose à sa place, vous avez enfin du temps pour vous.

Première partie

LA THÉORIE DU RANGEMENT

QU'EST-CE QUE
LE RANGEMENT ?

« Ranger : mettre en rang… Mettre en ordre. »

Définition du *Petit Larousse*

Autrefois, l'art du rangement se transmettait de mère en fille. Chaque catégorie d'objets avait son meuble (le chiffonnier, l'armoire, la penderie, la commode, le vaisselier, le semainier, la travailleuse…). Tout ce qui constituait le mobilier d'un intérieur répondait aux règles du bon sens. Tout était pensé, calibré, mesuré. On apprenait à plier son linge au carré, à séparer la vaisselle de tous les jours de celle des jours de fête… Cela, parce que les objets d'un foyer variaient peu de génération en génération, au sein d'une même culture. De nos jours, il n'en est plus de même. Nous possédons des objets de toutes sortes, en plus grande quantité et en mutation permanente.

L'ordinateur a pris la place du fax pour lequel la génération précédente avait elle-même fait une place près du téléphone. Le meuble de TV/stéréo n'a plus son utilité avec les écrans plats. Bref, nous sommes contraints de réinventer le rangement au fur et à mesure que de nouvelles technologies apparaissent et que d'autres disparaissent. Il nous faut à nouveau créer, imaginer, penser. Et retrouver, même si les objets ont changé de nature, une façon, à la manière de nos ancêtres, de vivre dans l'ordre et avec logique.

Ranger, c'est anticiper

> « Ranger, c'est faciliter l'usage futur d'un objet. »
>
> Conseil d'un grand-père japonais
> à son petit-fils

Le but premier du rangement est de replacer les choses de façon à pouvoir, à l'utilisation suivante, trouver immédiatement, même les yeux fermés, n'importe quoi. Lorsque l'on place toujours ses clés au même endroit, on est sûr, le lendemain, de les retrouver. Ranger, c'est donc s'éviter de toujours avoir à chercher, de perdre les choses ou de ne pas les trouver là où on pensait les avoir mises. Pour s'éviter mille petites causes de stress de chaque minute… pendant toute une vie. Ranger, c'est gagner du temps, pour soi et pour les autres.

Ranger et mettre hors de vue n'est pas la même chose

Avez-vous à soulever une pile de poêles d'une main pour sortir celle dont vous avez besoin ? Si c'est le cas, c'est que votre placard n'est pas « rangé ». Même si cette pile est impeccable visuellement. Ranger, dans l'absolu, pourrait se résumer à mettre les choses dans des cartons ou à les entasser sur des étagères. Certes, il est facile de les enfouir au fond d'une boîte derrière une rangée de vêtements suspendus. Mais cette boîte est, elle, non seulement bel et bien là, cachée et piteusement inutile, mais elle est surtout présente dans notre esprit à chaque fois que nous ouvrons notre penderie. Ranger, ce n'est pas non plus avoir des piles de livres qui s'effondrent comme des dominos lorsque nous en retirons un de sa rangée (pour le replacer dans une autre rangée trop serrée), se pavaner de fierté devant une jolie pile de linge repassé (tous les trois mois !), ou replacer au millimètre près ses tasses en porcelaine dans leur vitrine après qu'un invité les a soulevées pour les admirer. Ranger, ce n'est pas agencer son « bazar » autrement. C'est faire en sorte, au contraire, que tout, chez soi, y compris au fond de ses placards, soit facile d'accès, visuellement et rapidement, et que le moindre effort ou geste inutile soit évité.

Le rangement et ses lois

> « Si nous n'avons pas toujours le choix de ce que nous vivons, nous avons toujours le choix de comment nous le vivons. »
>
> Viktor FRANKL

Pour obtenir un rangement et un ordre parfaits, il faut d'abord utiliser sa raison et son intelligence. Car un ordre mûrement pensé élargit l'indépendance et minimise l'effort. Et ce, afin que le corps prenne du plaisir à une nouvelle sorte de discipline commode, basée sur des gestes quasi machinaux et des réflexes conditionnés ne brimant en rien la liberté d'action ni le plaisir d'agir. En effet, une fois que des habitudes sont prises, on n'y fait même plus attention. Elles ne requièrent plus aucun effort – du moins conscient. Comme lorsqu'on se brosse les dents ou que l'on met son pyjama pour aller se coucher. Bien ranger, c'est comme ajuster un système d'instruments de précision dans son intérieur et réunir plusieurs conditions afin que la vie s'y trouve agréable, confortable et facile. Mais pour cela, il faut en finir avec un perpétuel « à peu près » quant à l'emplacement exact de chaque chose et la moindre importance accordée à ses gestes par rapport aux objets. Il faut également quelques notions de décoration. Ajoutons également que l'ordre, c'est toujours *ranger* mais non moins *retrouver*. Il est trop simple de faire disparaître si reparaître tient du prodige. La meilleure mémoire peut défaillir. Le meilleur rangement, un rangement fonctionnel et le seul qui satisfasse la raison, est l'expression d'une économie de gestes, partant de temps et de fatigue. C'est l'aboutissement de l'observation de plusieurs principes, dont les facteurs de classements dominants peuvent se définir ainsi :

– la fréquence ou la rareté d'utilisation (rôle du temps) ;

– la netteté de la vision (rôle de l'œil) ;

– la facilité de préhension (rôle de la main) ;

– l'endroit le plus proche de là où l'objet va être utilisé (loi de « proximité ») ;

– le choix de l'espace choisi pour le ranger (juste rapport entre la taille d'un objet et celle de son contenant).

LES VERTUS DU RANGEMENT

Le rangement, une économie d'énergie

> « L'art de reposer son esprit et de l'affranchir de tout souci ou préoccupation est probablement l'un des secrets d'énergie de nos grands hommes. »
>
> Capitaine J.A. HADFIELD

« Je n'ai pas le temps » se plaignent des milliers de gens chaque jour. Ils ne réalisent pas que le désordre est une des causes de leur fatigue et de leurs débordements. Et qu'il leur envoie, des dizaines de fois au cours de la journée, des messages inconscients mais toxiques : « Tu n'as pas eu le temps ni l'énergie de faire cela. Ta vie est trop pressée, bâclée, tu te laisses déborder. Tu n'en as pas le contrôle. » Ranger, au contraire, même si cela demande en un premier temps de l'énergie et des efforts, permet de vivre ensuite avec légèreté, nonchalance et, finalement... paresse. Une paresse non culpabilisante mais au contraire exquise, une paresse permettant de « recharger ses batteries ».

À l'opposé, vivre dans le désordre, toujours avoir à chercher quelque chose, c'est perdre chaque fois un peu de son « *ki* », concept oriental parfois traduit par « énergie vitale ». C'est perdre du temps, parfois de l'argent (on achète des choses en double parce qu'on avait oublié qu'on les avait déjà, on oublie de payer une facture parce qu'on l'avait égarée, on laisse s'abîmer de la nourriture parce que le réfrigérateur est trop plein, rendant les aliments du fond difficiles d'accès...). L'ordre est bel et bien une valeur sûre !

Un intérieur rangé invite à une vie plus équilibrée, plus lente

> « Notre société exalte le désir par tous les moyens, suscite l'envie à tel point que désirer et consommer sont devenus synonymes de vivre. Et notre espace mental est constamment occupé par les publicités et autres artifices qui suscitent une multitude de désirs artificiels. »

> Erik SABLÉ,
> *Sagesse libertaire taoïste*

Lorsque tout est à sa place, que les différentes parties d'un intérieur sont adroitement réparties en aires de travail, de repos, de cuisine, de bricolage… la vie semble se présenter de façon équilibrée. On ne fait plus tout en même temps pour « gagner du temps ». Combien de personnes cuisinent en regardant la TV, lavent la vaisselle en papotant avec leurs invités, font leurs comptes en surveillant le gigot ? Chacune de ces activités devrait être faite pour elle-même. Attendre le départ de ses invités pour faire la vaisselle peut être une occasion de repasser, pour soi, seul et les mains dans l'eau chaude et mousseuse, les différents moments de la soirée, les sujets de conversation traités, l'humeur de chacun… La technologie moderne nous fait oublier de vivre avec minutie, c'est-à-dire de faire chaque chose en son temps. Nous n'avons plus de rythme de vie équilibré. L'aménagement d'autrefois nous invitait à un mode de vie quasi disparu, sauf dans les intérieurs traditionnels si bien conçus mais de plus en plus rares (la cuisine pour cuisiner, la salle à manger pour manger, la chambre pour dormir, le salon pour se détendre). Nous ne nous accordons que rarement aujourd'hui des plages de temps « inutiles », lentes, et pourtant si importantes pour notre équilibre !

Ranger rend le quotidien plus aisé et en fait un rituel

« L'indécision ne mène à rien. »

Proverbe

C'est la fatigue qui nous empêche d'agir. De petits détails du quotidien comme aller quérir du coton et du dissolvant dès que l'on remarque son vernis écaillé, fouiller dans un tiroir pour trouver une carte d'anniversaire… sont tous ressentis comme des corvées lorsque l'on vit dans un appartement bondé et en désordre. Au contraire, trouver sur le champ ce dont on a besoin dans l'immédiat est un plaisir. Ou plutôt une somme de petits plaisirs. La vie devient alors comme… un rituel. Et l'on sait combien les rituels facilitent la vie ! Ils la rendent, paradoxalement, plus légère, plus détachée, plus libre, mettant fin à l'insécurité de toujours se demander quoi faire, quand, où et comment. Les rituels contribuent également à avoir confiance en soi : en les mettant à exécution, on se sent plus « soi », on se sent bien. Comme libre de soi et libre de tout, puisque ceux-ci décident pour nous de ce qui est le meilleur, qu'il s'agisse du plaisir ou du devoir. Ils nous aident, en quelque sorte, à mieux vivre et ce, avec dignité et personnalité.

L'ordre, un gain de temps

> « Insensés que nous sommes, nous voulons tout conquérir, comme si nous avions le temps de tout posséder ! »
>
> Frédéric II, *L'Anti-Machiavel*

Pourquoi, si certains aiment ranger, d'autres, au contraire, détestent-ils cette activité, la méprisent-ils ou la considèrent-ils comme une totale perte de temps ? C'est, entre autres raisons, probablement parce qu'ils ne comprennent pas que passer du temps à ranger produit exactement l'effet inverse : les bénéfices retirés surpassent de loin le temps investi. Être capable de mettre immédiatement la main sur ce dont on a besoin fait incontestablement gagner du temps et permet de goûter, rien que pour soi, une petite satisfaction secrète. Une fois leur intérieur réorganisé, les nouveaux « accros au rangement » découvriront combien un logis vidé de son superflu et parfaitement agencé fait gagner en paix, en énergie et en temps. Lorsque tout est en ordre chez soi, que le corps n'est plus entravé par le fouillis, que chaque objet est utilisé avec plaisir et contentement, l'esprit se sent alors serein. Un intérieur agréable, c'est un intérieur dans lequel on oublie jusqu'au fait de se sentir bien. Tout comme le corps, l'esprit a besoin d'espace, de calme, d'ordre et… de volupté.

L'espace, le luxe des citadins

Il suffit de calculer le prix du mètre carré dans les métropoles pour comprendre que l'un des grands luxes de notre époque est l'espace. Savoir ranger aide non seulement à moins posséder (on sait ce que l'on a et les « doublons » disparaissent) mais cela fait gagner de la place. Une même somme d'objets, selon qu'ils sont rangés dans des casiers, sur des étagères, accrochés derrière une porte ou jetés en fouillis dans une armoire, sur une étagère ou à même le sol, n'occupe pas la même superficie. Or pour qui payons-nous si cher notre espace ? Pour nous ? Pour nos choses ? Ceux qui louent des box afin de remiser leurs biens (souvent ne valant que très peu lorsqu'ils décident de s'en débarrasser) peuvent faire le calcul à la fin de l'année... Or quelles seront, dans les années à venir, des valeurs plus recherchées que l'espace et le silence dans des villes de plus en plus peuplées et bruyantes ?

Le rangement aide à moins consommer

> « Il suffirait que les gens n'achètent plus pour que ça ne se vende pas. »
>
> Coluche

Ranger oblige également à revoir toutes sortes de choses dans son environnement : quels livres garder, quelles provisions non consommées mettre à la poubelle, etc. Cela amène à se poser des questions sur soi (ce qui est une évolution !) : « Pourquoi ai-je acheté cette épice que je n'ai jamais utilisée ? Qu'est-ce que j'espérais en m'offrant à crédit ce sac à main de marque ? Est-ce qu'en choisissant ce chemisier, je me sentais vraiment moi ? » Mais les « regrets » et les sentiments de culpabilité ne doivent pas être négatifs : ils sont là pour nous envoyer des messages : « Tu as évolué ; tu es plus sûre de tes goûts maintenant, tu es moins dépendante du paraître, tu es plus consciente des pièges du consumérisme. » En d'autres mots « Tu es plus intelligente dans ta façon de vivre, tu es moins l'appât des géants de la pub, tu es devenu maître (ou maîtresse) de toi-même. » Ranger aide donc à mieux savoir s'écouter, se connaître, améliorer la qualité de sa vie.

Posséder, stocker, décider de garder ou éliminer sont également, outre les grands thèmes de développement personnel de notre époque, mille petits actes politiques, car ils ont un rapport direct avec la société de consommation et appellent de notre part soit la guerre contre les lobbies économiques faisant de nous des appâts, soit le partenariat en acceptant leurs arnaques qui profitent de milliers de gens sous-traités, sous-payés et exploités. Ranger, c'est prendre soin de son bien-être mais aussi se réaliser en mettant en pratique ses propres valeurs éthiques.

Ranger aide à redéfinir son quotidien

« Matin de printemps
Mon ombre aussi
Déborde de vie. »

Issa KOBAYASHI, haïku

Ranger incite non seulement à mettre de l'ordre autour de soi, mais surtout à redéfinir certaines de ses habitudes ou à les vivre plus consciemment. Si faire son lit est une corvée, c'est peut-être qu'avant d'accomplir cette tâche, il faut d'abord trouver les draps qui sont à la taille du matelas, puis la taie qui n'est pas déchirée ou tachée, et ainsi de suite. Au contraire, quel bonheur de trouver à sa place, propre, sentant bon et bien pliée, une parure entière rangée dans une de ses taies d'oreiller !

Ranger, ce n'est pas seulement rassembler mais aussi réorganiser son quotidien ; réviser ses choix, revoir ses priorités, c'est-à-dire reconsidérer ce qui est primordial, important puis secondaire et enfin superflu. En décidant de la vaisselle que l'on utilise le plus régulièrement, on prend conscience de son alimentation. Bols à snacks ? Assiettes à spaghettis ? Ramequins à salade ? On se découvre peu à peu ; quels sont les vêtements que je porte le plus souvent ? On peut aussi déceler alors certaines petites imperfections dans sa manière de vivre : d'infimes détails irritants mais imperceptibles sur le moment parce qu'apparemment anodins : « Mon service à thé est-il complet, assorti, à l'image de ce que je souhaiterais donner de mon sens de l'accueil ? Ai-je toujours de quoi grignoter avec le thé, même pour une visite à l'improviste ? »

Ranger, et c'est dans la pratique qu'on le réalise vraiment, aide donc à prendre conscience de son propre mode de vie. Cela invite à dissocier la notion de « paraître » (ranger son intérieur, par exemple, pour ne pas avoir honte lorsque l'on reçoit des visiteurs) de celle de « bien-être » pour soi. Uniquement pour soi.

Bien ranger sa maison, c'est protéger sa vie

En cas de catastrophe naturelle, d'accident, de situation d'urgence, un intérieur en désordre n'est d'aucun secours. Lorsque l'on possède trop de choses, on ne peut en avoir le contrôle : trouver la boîte à pharmacie, les papiers d'un proche qui vient d'être hospitalisé ou décédé, des bougies et leurs allumettes en cas de panne d'électricité… N'oublions pas que, dans l'intérieur de la plupart d'entre nous, un tiers, deux tiers et même quatre-vingt-dix pour cent des choses que nous possédons sont inutiles. Celles qui sont indispensables sont extrêmement peu nombreuses. Alors, conservez-vous tout ce que vous avez par nécessité ou simplement par incapacité à jeter ? Pourquoi garder des choses que vous n'avez pas touchées depuis dix ans et que vous continuerez, probablement, à ne pas utiliser pendant les dix, vingt ou trente prochaines années ?

RANGEMENT, PERSONNALITÉS, CULTURES ET SOCIÉTÉS

L'ordre, question de respect envers les autres et envers soi

> « Cherchez toujours à honorer votre dieu, et ce, jusque dans les actes les plus anodins de la vie quotidienne. Ainsi balayer, prendre un bain ou faire la cuisine sont autant d'occasions d'exprimer son respect et son dévouement à son dieu, qui peut être… soi ! »
>
> Itsuo Tsuda,
> *Le Dialogue du Silence*, « Habitude »

Lorsque j'ai demandé (avec autant de tact que possible) à quelques personnes de mon entourage pourquoi elles étaient désordonnées, elles se mirent à crier haut et fort qu'elles détestaient ranger. Certaines ont cependant eu l'honnêteté d'admettre qu'elles étaient conscientes de souvent manquer de concentration dans l'instant présent en faisant toujours plusieurs choses à la fois, et d'autres ont même reconnu compter sur autrui pour faire ce qu'elles n'aimaient pas faire. « Ranger, me dit l'une d'elles, c'est l'affaire de ma femme. Elle, elle aime cela. » « Faux », avais-je envie de répondre ! Les autres n'aiment pas plus ranger que vous. Ils ont seulement plus de mal que vous à supporter le désordre auquel ils sont moins habitués et dont ils souffrent.

Si vous voulez améliorer vos relations avec vos proches, vous comprendrez que mettre le désordre autour de soi lorsqu'on ne vit pas seul, c'est manquer de respect envers eux. Non seulement ranger vous aidera à ramener la paix dans votre foyer mais à vous respecter vous-même.

Le rangement, question de personnalité

> « La transformation n'a lieu que si l'on est totalement absorbé. […] Ce mode de fonctionnement libère immédiatement un grand courant d'énergie qui n'est plus obstrué, comme il l'est d'ordinaire, par notre propre intervention mentale. On devient alors plus joyeux et plus léger dans les deux sens du terme. »

> Vicki MACKENZIE,
> *Un ermitage dans la neige*

Une amie, avec qui nous parlions du rangement, m'expliquait qu'elle venait de partager, lors d'un congrès, sa chambre d'hôtel avec une collègue charmante, intelligente mais très désordonnée. « Cette collègue, me dit-elle, laisse les choses n'importe où. Si elle se déchausse au milieu de la chambre, elle abandonne ses chaussures là où elle les a retirées. Si elle boit du café et qu'entre-temps elle pense à un document qu'elle veut sortir de son sac, elle laisse sa tasse à moitié vide là où elle se trouvait et… ne s'en préoccupe plus. Lorsqu'elle se brosse les dents, elle ne rebouche pas le tube de dentifrice. Après avoir utilisé une chose qui se trouvait dans son sac, au lieu de la remettre naturellement à sa place, elle la pose n'importe où. Et ainsi de suite. »

Ce manque d'ordre irritait bien sûr mon amie qui ajouta : « Lorsque je me lève le matin, je rabats naturellement la couverture sur mon lit pour que la chambre ne paraisse pas trop désordonnée afin de préparer plus facilement ma journée. Mais ma collègue, elle, dans notre chambre d'hôtel, laissait le lit ainsi. Pour elle, ce geste n'est pas machinal alors qu'il l'est tellement pour moi ! »

Pourquoi certaines personnes sont-elles naturellement « rangées » et d'autres absolument « désordre » ? Les unes ne peuvent se concentrer que sur un bureau rempli de paperasse, les autres, au contraire, ont besoin de faire le vide autour d'elles avant d'entreprendre quoi que ce soit. Il existe aussi les « faux bordéliques » qui vivent dans un charmant désordre mais qui savent exactement où se trouvent leurs affaires. Est-ce

une question de personnalité ? D'éducation ?
Ma belle-sœur, Rié, est extrêmement ordonnée.
Dès qu'elle arrive quelque part, elle décide de
l'endroit où elle va poser son sac. Et son sac
restera à cet endroit-là jusqu'à la fin de sa visite.
Son père était, paraît-il, extrêmement sévère.

Certes, on ne peut pas généraliser car ranger
est l'expression de soi, une façon de s'affirmer,
un rapport particulier aussi avec les choses. Mais
on peut remarquer que la plupart des personnes
désordonnées ont souvent une vie à leur image :
peu ordonnée. Elles sont également incapables
de s'organiser, c'est-à-dire de prendre des décisions selon les priorités du moment. Mon amie
Akiko m'expliquait que sa collègue, alors qu'elles
n'étaient à ce congrès que pour quatre jours, avait
pratiquement vidé la moitié de son armoire pour
en remplir sa valise sans réfléchir à ce qu'elle
porterait. Ce fut au moment de s'habiller pour ses
réunions qu'elle commença à stresser et à réaliser
qu'aucun des vêtements mis dans la valise n'était
assorti aux autres. Akiko, elle, avait prévu quatre
tenues complètes : quatre pantalons, quatre chemisiers. « Quatre de tout », me dit-elle.

Les personnes désordonnées ne comprennent
pas qu'elles se compliquent la vie inutilement.
Elles ne possèdent pas ce type d'intelligence
pratique. Elles ne réalisent pas non plus qu'elles
mettent les autres mal à l'aise lorsqu'elles par-
tagent un lieu. Ranger est donc non seulement
affaire de personnalité mais de contrôle de soi.
Car faire preuve de self-control, c'est précisément
être capable d'assumer chacune de ses actions,
de l'accomplir jusqu'au bout. Comme de remettre

le dentifrice rebouché et la brosse à dents à leur place après les avoir utilisés. C'est donc avant tout être lucide sur les conséquences de ses actes et de ses gestes. C'est « être là », présent. Et non ailleurs. C'est ne pas toujours vivre par « procuration » (dans le passé ou le futur) mais être conscient de ce que l'on fait dans l'instant présent, même si cela n'a pas autant d'importance que ce que l'on fera plus tard.

L'ordre, question de culture

> « L'appartement était bien rangé. Elle était certainement méticuleuse. Il y avait un service à thé, un porte-lettres, une machine à coudre. Tout paraissait petit. Comme pour une dînette. »

> Yôko OGAWA, *Les Tendres Plaintes*

À Kyoto où je vis, chaque entrée de maison, chaque parcelle d'intérieur, de magasin, de temple, est minutieusement agencée, ordonnée, rangée. Comme si la ville avait organisé un concours de l'endroit le plus net du monde. Si un psy occidental venait dans cette ville, il diagnostiquerait probablement la population entière de TOC ! Mais l'ordre, ici, fait partie de la culture. Une culture fortement influencée par le zen, discipline exhortant avant tout à la maîtrise de soi, mentale et physique. Une preuve que l'ordre est aussi une question de culture. En Occident, on fait faire son ménage par des domestiques, des employés. Les personnes qui en ont les moyens emploient des aides à domicile pour remettre leur maison en ordre. Elles estiment que l'argent, c'est fait pour cela : faire faire aux autres des tâches qu'elles considèrent, elles, dégradantes et avilissantes. Mais rappelons ceci : le rangement était autrefois une question de morale. On devait ranger de même que l'on devait éviter le gaspillage ou écrire proprement, sans ratures, avec de belles lettres. La morale ne s'explique pas. Mais n'existerait-elle pas, tout simplement, pour mieux vivre sur le plan personnel et social ?

L'ordre, question de civilisation

> « On n'a absolument rien compris à la civilisation moderne si on n'a pas compris qu'elle était essentiellement un complot contre toute forme de vie intérieure. »

> Georges Bernanos,
> *La France contre les robots*

L'ordre dépend aussi de la civilisation dans laquelle on vit. Il représente, dans certains milieux dits (économiquement) pauvres, le seul luxe accessible. Si vous visitiez les taudis des grandes banlieues de l'Inde, vous seriez surpris de voir que la pièce unique qu'occupe une famille entière est d'une netteté que bien des riches de chez nous envieraient, même avec un domestique à leur service. On peut en conclure qu'une personne vivant dans un minuscule espace est, par nécessité, ordonnée. Elle connaît et apprécie la valeur de cet espace et met à profit chaque centimètre carré qu'elle occupe du mieux qu'elle le peut afin de vivre un peu plus à l'aise. À l'inverse, dans les pays dits riches, afficher une attitude bohème est de bon goût : le rangement, l'ordre, sous-entend-on par sa façon désordonnée de vivre, c'est pour ceux qui ne comprennent rien à l'art, ceux qui vivent comme Monsieur Tout-le-Monde, ceux qui se plient comme des moutons à un système. Un appartement « bobo » se doit bien souvent d'être fouillis, avec des choses éparpillées un peu partout, des objets hétéroclites trônant, comme par hasard, dans des endroits incongrus. Le désordre, s'il est la fierté de ces dilettantes et s'il a apparemment beaucoup de charme, finit cependant par stresser (il est vrai aussi que lorsqu'on est bobo, on se doit de consulter un psy. Être « normal », sans problèmes existentiels, c'est tellement ringard !). Toujours est-il que, bobo ou pas, une personne désordonnée souffre souvent. Elle est inquiète, tourmentée, parfois dépressive. En un mot, elle est « dérangée ».

L'ORDRE, UNE THÉRAPIE

**Un appartement ordonné
est une protection contre le chaos
du monde extérieur**

> « Mettre en ordre, jeter, trier… Ranger est souvent la meilleure défense contre l'angoisse et l'impuissance. »
>
> Article de *Psychologies Magazine*, janvier 2013

Ranger est un bon moyen de prendre soin de soi. Quand on est bien dans son intérieur, on est bien dans son corps ; et lorsqu'on est bien dans son corps, on est bien dans sa tête. Un appartement rangé apaise. Nous vivons dans une période extrêmement chaotique : catastrophes naturelles, instabilité économique, changements sociaux à travers le monde… Les différents modes d'information font chaque jour pénétrer chez nous les désordres du monde. Alors, mettre au moins de l'ordre dans son petit territoire intime, c'est se créer un havre de paix, de stabilité, de bien-être. Comme le dit Olivier Douville, ranger revient alors à refuser de se laisser envahir par la confusion du monde extérieur. À se protéger. À s'assurer que son espace, lui, au moins, reste stable.

Et si le désordre et la saleté étaient le début d'une démence sénile ?

> « La maladie de ma grand-mère alla en empirant. Elle n'avait jamais pu ranger ni jeter mais à cette époque-là, elle se mit encore plus à accumuler ; et elle vécut de plus en plus recluse dans tout son bazar. »

Mai Yururi,
Dans ma maison, il n'y a rien du tout

Chez certaines personnes désordonnées de nature, tandis qu'elles avancent en âge, leur maison est de plus en plus sale, encombrée ; il est impossible de rien y retrouver. Petit à petit, leur mémoire finit par défaillir. De plus, un appartement encombré est un appartement où, à un certain stade, on ne peut plus ranger. L'encombrement devient tel qu'il peut devenir un obstacle pour les personnes se déplaçant mal et les faire trébucher, tomber, se blesser. Un déambulateur ou un fauteuil roulant ne peuvent circuler et ces personnes sont alors contraintes de partir dans une maison de retraite. On constate au Japon, l'un des pays du monde champion en détenteur de centenaires, que ce sont généralement les personnes incapables de faire le trait sur certaines de leurs possessions qui perdent le plus vite la tête et que ce sont, en contrepartie, les plus souples psychologiquement qui savent le mieux s'adapter à leur âge. La vieille dame qui tient toujours, malgré ses 86 ans, le café où je vais régulièrement, me racontait que récemment, puisque son mari est décédé il y a 8 ans, elle a fait venir dans leur grande maison un service de désencombrement très… japonais : il s'engage à détruire tout ce qu'il emporte et ce, selon un cérémonial typiquement shintoïste : par le feu ! Cette vieille dame ne voulait pas que d'autres personnes, après sa mort, « maltraitent » toutes ces choses qui avaient accompagné et comblé sa vie. C'est avec un regard brillant de satisfaction qu'elle m'expliqua, en faisant de la main le geste de balayer autour d'elle, que tout avait été parfaitement et proprement brûlé. Elle était en train d'emménager, continua-t-elle, dans un autre appartement, beaucoup plus petit celui-là et mieux adapté à son âge. Elle était ravie de ce nouveau tournant que prenait sa vie.

Ranger ? Apprendre à se connaître

> « Se connaître soi-même, c'est connaître son corps, son esprit et son âme. »
>
> B.K.S. Iyengar, grand maître yogi

La première étape du rangement consiste à penser, c'est-à-dire classer, faire des choix et trancher. Cela rend l'esprit clair et la pensée féconde et oblige à repenser ses habitudes (bonnes, mais aussi mauvaises), ses gestes, ses besoins, ses envies. Cela amène donc à s'accepter, à différencier ses besoins de ses envies et à parfois prendre conscience de passions encore enfouies en soi. Si vous avez toujours rêvé de faire du thé un rituel à l'anglaise, c'est-à-dire prendre toujours le même breuvage, au même endroit et à la même heure selon un rite immuable comme dans les vieilles familles anglaises, mais que vous vous surprenez à être aussi attirée par d'autres variétés de thés, ranger vous aidera à prendre conscience que vous n'aimez pas seulement l'idée de prendre le thé en tant que rituel mais aussi en tant que hobby. Cette prise de conscience se concrétisera peut-être par l'aménagement d'un petit coin chez vous spécialement dédié à cette activité (ustensiles, contenants, théières pour chaque variété, table ou plateau, fauteuil, etc.)

C'est en rangeant que vous vous découvrirez peut-être une passion que vous nourrissiez sans en être conscient ; vous pourrez alors la concrétiser matériellement et goûter un petit plaisir supplémentaire dans la vie. Ranger, en ce sens, deviendra source d'épanouissement. En réordonnant vos objets, en les regroupant, vous vous découvrirez aussi, qui sait, une âme de collectionneur. J'ai remarqué chez une amie, alors que nous parlions de nos carnets, qu'elle conservait tous les siens, anciens et récents, soigneusement regroupés sur une étagère de son bureau. Leurs cuirs patinés, leurs tranches dorées, leurs designs respectifs en formaient une ravissante composition. Ranger peut donc, on le voit ici, réveiller des passions et enrichir la vie de nouveaux bonheurs !

La vie d'autrefois, même si nous en avons la nostalgie, n'était pas forcément meilleure. Elle était différente. Rien ne nous empêche d'en préserver les bons côtés, c'est-à-dire, dans bien des cas, s'appliquer à veiller à ne pas oublier *le bon sens* qu'il faut « réutiliser » à bon escient. En d'autres mots, ne pas vivre « n'importe comment », mais au contraire, comme nos aïeux, avec soin et lenteur, avec un équilibre entre le temps réservé au travail et aux loisirs, celui consacré à soi et celui consacré aux autres (famille et amis).

Faire de l'ordre, c'est apprendre
à prêter attention à ses sensations

> « La vie est trop courte pour s'embêter pendant seulement une heure. »
>
> Georges COURTELINE

Ranger, tout comme nettoyer, peut devenir une source d'épanouissement et un moment de méditation pendant lequel on est tout à soi. Ne pas se presser, prendre conscience de chacun de ses gestes, de chacun de ses objets aide à ralentir le pas et réaliser que le bonheur est ici, là, devant soi et non dans un futur hypothétique. Ranger, si nous entreprenons cette activité en toute conscience, sans penser à autre chose, peut nous connecter à des sensations réelles et présentes. Or seul ce que l'on ressent dans le présent permet de se dire heureux : si vous sondez votre mémoire à la recherche de souvenirs de bonheur intense, il y a de grandes chances qu'ils correspondent à des moments où vous vous sentiez « vraiment vivre » et ces expériences appartenaient probablement à l'instant présent. Cela a pu être pétrir une boule de pâte à pain avec votre mère, marcher pieds nus dans l'herbe fraîche ou cirer un vieux meuble chiné à la brocante. Nombreuses sont les personnes, d'ailleurs, à reconnaître que ranger a sur elles un pouvoir apaisant et déstressant.

Ranger, une occasion
de percevoir ses sens autrement

> « Quand vous regardez, il ne doit
> y avoir rien d'autre que regarder ;
> quand vous entendez, rien d'autre
> qu'entendre ; quand vous sentez,
> goûtez, touchez, rien d'autre que
> sentir, goûter, toucher. »
>
> Enseignement de Bouddha

Être présent à soi, c'est être là, à l'intérieur de soi, en contact avec ses sensations corporelles, en contact avec ses objets ; c'est sentir leur matière, leur odeur, redécouvrir le grain d'une céramique, le parfum d'un cuir. C'est être pleinement dans l'action présente : ouvrir ses sens, être conscient du monde qui nous entoure, ses bruits, ses formes, ses couleurs, ses textures. C'est redécouvrir les choses non pas uniquement avec ses yeux, mais avec tous ses sens. Lorsque vos mains se saisissent d'un pull, ressentent-elles son moelleux ? Lorsqu'elles soulèvent un verre en cristal, s'émerveillent-elles de sa légèreté ? Les scientifiques ont découvert que dès que nous prenons conscience de la sensation provoquée par la présence d'un objet sous la paume de notre main, notre cœur ralentit. Les orateurs utilisent cette technique pour gérer le stress. Ils se saisissent d'un feutre ou d'un micro et le simple fait de rester attentifs à la sensation procurée dans leur main ralentit leur rythme cardiaque et leur respiration ; leur voix devient plus profonde. Cela, parce qu'ils sont plus centrés et qu'ils se sentent plus sûrs d'eux.

Cette expérience de prise de conscience des sensations physiques peut également aider à éliminer certains objets qui, même si nous les trouvons beaux, nous transmettent, pour une raison que l'on ne s'explique pas forcément, une sensation désagréable. Posez par exemple l'un de vos vases devant vous. Regardez-le puis tentez d'oublier son apparence et prenez-le dans vos mains. Que ressentent la pulpe de vos doigts, vos paumes ? Ne serait-ce pas le moment de le remercier et de lui dire adieu ? Ranger invite à « revisiter » l'univers de ses objets, à enrichir celui de ses sensations.

Vivre dans un appartement ordonné permet de se concentrer

> « Ranger revient à refuser de se laisser envahir par le chaos, la confusion. »
>
> Olivier Douville,
> psychologue clinicien et psychanalyste

Le désordre, on le sait, n'incite pas à la concentration. Résultat ? Les projets n'avancent pas parce qu'on ne fait les choses qu'à moitié et que l'on s'énerve, avec, au fond de soi, cette sensation désagréable de stagner voire de reculer. Le psychisme s'épuise en constants « allers-retours » sur le passé (le fouillis) et le futur (ce qu'il faudrait faire), tandis que le présent, lui, est comme une parenthèse à supporter moment après moment, jour après jour. Le présent, pour les personnes vivant dans le désordre, n'existe pas. Au contraire, un environnement ordonné, clair, net, non « pollué » visuellement (et donc mentalement) par le fouillis aide à se concentrer, à avoir des idées claires et structurées. Les moments passés dans un tel lieu n'appellent plus ni à trier ni à organiser et permettent de se donner à 100 % à la tâche du moment. Et puis, lorsque le corps et l'esprit ont besoin de repos, ils n'ont plus qu'à se laisser aller dans cet ordre qui apporte tant de douceur.

Deuxième partie

LE TRI

« La poubelle est le meilleur des accessoires de rangement. »

Frédéric DARD

Pour un grand nombre de personnes, ranger et désencombrer sont une seule et même chose. Mais s'il est vrai qu'en rangeant, il arrive de jeter, ranger se résume souvent à mettre hors de vue son désordre. Le thème général de ce livre n'est pas le désencombrement (voir *L'art de l'essentiel*). Néanmoins, ce chapitre s'adresse à ceux qui souffrent de trop posséder. Car ranger, dans le sens profond du terme, est impossible sans commencer par jeter, éliminer, donner ou revendre. Il est incontestable que moins on possède, mieux on peut ranger. Si vous ne souffrez pas du comportement compulsif de ces accumulateurs pathologiques incapables de pouvoir jeter le moindre morceau de ficelle, inutile de lire ce chapitre. Quoi que… les possessions matérielles envahissent nos vies bien plus vite qu'on l'imagine !

COMMENT SE METTRE
EN CONDITION POUR TRIER

Un intérieur est comme une seconde peau

> « Un intérieur surchargé traduit
> rarement un esprit serein. »
>
> Dr Frédéric SALDMANN,
> *Le Grand Ménage*

De même que pour paraître plus mince, il ne suffit pas de cacher ses bourrelets sous un pull ample, pour ranger, il ne suffit pas de refouler les choses inutiles, inutilisées ou mal aimées là où on ne les voit pas. Faire « *le* » grand rangement doit donc inévitablement passer par cette étape-clé : éliminer. On le sait, l'accumulation de choses inutiles ou désuètes est l'ennemi numéro 1 de l'ordre même si, paradoxalement, ce sont parfois les « maximalistes » (en opposition aux minimalistes) qui sont les plus doués pour ranger : ils aiment tellement accumuler que, pour occulter leur vice, ils sont devenus champions dans l'art du « faux » ordre. Ils savent mieux que quiconque que ranger fait gagner de la place. Et pour eux, la place, c'est encore une façon d'entasser davantage. Certes, leurs intérieurs semblent, au premier abord, ordonnés mais que se passe-t-il lorsqu'ils ont besoin de verres en cristal enfouis derrière une pile d'assiettes qui, elle, n'est accessible qu'après avoir sorti une collection de ronds de serviettes, deux carafes et un plateau rempli de ramequins à tapas ? On le sait : ceux qui savent « ranger » ne savent, en général, pas « jeter ». Et s'ils semblent si bien avoir acquis l'art d'empiler les choses, c'est que… ils ne s'en servent pas ! Il arrive même que certains endroits apparemment désordonnés soient mieux rangés, en réalité, que ces intérieurs où rien ne traîne mais dans lesquels on ne peut ouvrir un placard sans que ne dégringole sur soi une avalanche de bric-à-brac.

Premier préliminaire au rangement : visualiser son intérieur de rêve

> « Les hommes ont réussi à accumuler une énorme masse d'objets, fait remarquer Zossima, mais la joie dans le monde s'est amenuisée. »
>
> Dostoïevski, *Les Frères Karamazov*

Ça y est, vous êtes décidé. Vous allez ranger. Réorganiser. Mettre de l'ordre, une bonne fois pour toutes, dans votre intérieur (et, qui sait, peut-être, dans votre vie !). Mais pour cela, avant de passer à l'action, une première étape s'impose : la visualisation de l'intérieur idéal dans lequel vous souhaiteriez vivre. Essayez pour cela de vous remémorer la première fois que vous avez visité, vide, offert à tous les possibles, le lieu que vous occupez maintenant. Une conseillère en aménagement intérieur rapporte ceci : une vieille dame avait fait appel à elle car elle n'en pouvait plus de vivre dans la saleté et le fouillis. Lorsque la conseillère lui demanda comment elle imaginerait son existence idéale, le visage de la vieille dame s'éclaira : « J'aimerais vivre comme une petite fille, dans la gaîté, avec un dessus de lit rose, un abat-jour blanc. Que ma pièce sente bon avec des arômes de plantes, que j'aie une infusion odorante, de la musique classique, de l'espace sur mon tapis pour faire du yoga et ainsi perdre du poids pour retrouver la forme. Je veux devenir heureuse. »

Et pour vous, en restant dans les limites du possible, comment serait votre vie rêvée ? Si vos idées sont encore un peu vagues, feuilletez autant de revues qu'il le faut. Réfléchissez. Imaginez. L'important est que vous sachiez exactement ce que vous désirez, à condition, bien sûr, de ne mélanger ni les styles ni les envies et d'avoir un goût sûr et parfait (il peut être risqué de marier un plat à tajine avec des bols chinois et des fourchettes en argent !). Ce travail de rangement doit donc d'abord trouver des réponses dans votre tête, sur un carnet, dans des listes. Ensuite, tout se déroulera, comme par enchantement, dans la facilité, l'euphorie et la joie.

Deuxième préliminaire : se réserver une plage de temps et agir seul

> « Le bonheur passe par l'action : il ne faut pas attendre d'être heureux pour agir, car on ne devient heureux qu'en agissant. »
>
> Sylvain TESSON,
> propos recueillis par Céline Laflute
> et Claire Mione

Tout d'abord, fixez sur votre agenda une date précise pour ce grand rangement. Il sera plus efficace si vous l'entreprenez en « vraies séances » qu'en courtes périodes, une heure par-ci, une heure par-là. Vous devrez vous assurer d'être seule et tranquille, et de faire de cette activité l'unique tâche (et non une des priorités seulement) de cette période que vous vous êtes accordée. Prévoyez une vraie demi-journée, une journée, ou même, si vous en avez les moyens – et la nécessité – trois jours pleins, quitte à confier conjoint et enfants à belle-maman. Qu'il n'y ait entre-temps ni dîners ni visites médicales, ni sorties prévues. Autre point important : il est recommandé, pour cette phase d'élimination, que vous agissiez seule afin de ne pas être influencée dans vos choix quant à garder ou jeter. Seuls les objets appartenant aux autres peuvent nécessiter leur accord, mais à la seule condition que ces derniers soient capables de s'en occuper personnellement. S'ils vous délèguent le soin de les ranger, de les nettoyer et de les entretenir, c'est à vous que revient le sort de ces objets. Vous pouvez cependant, quelque temps à l'avance, faire part à leurs propriétaires de l'intention de vos projets pour qu'ils aient le temps d'aviser.

Jeter peut devenir une passion

« Il m'avait quittée et je voulais mourir. Je visualisais déjà mon enterrement. Mais avant cela, me disais-je, il faut que je jette tout ce que je ne veux pas qu'on voit : mauvaises photos, lettres de mes copines au lycée, vieux sous-vêtements, journal intime. [...] Je me mis alors à jeter. Mais en faisant cela, un changement se fit soudain dans mon cœur : alors que j'aurais dû être triste, je ressentais autre chose. De la satisfaction. Et quelle satisfaction ! Je découvrais, en fait, que jeter était quelque chose de plaisant. »

Mai YURURI,
Dans ma maison, il n'y a rien du tout

À quoi bon garder des choses du passé si elles ne vous laissent pas la place de vivre dans le présent ? Les gens évoluant dans un environnement encombré voient régulièrement leurs objets disparaître, comme naturellement. Et pourtant, leur nombre, lui, ne diminue pas. Si vraiment vous ne pouvez jeter, louez, dans un premier temps, un box et mettez-y pendant quelques mois les choses dont vous ne vous servez plus. Il y a peu de chances qu'en les en ressortant plus tard, vous ayez envie de les garder. Louer un box ne représente, certes, pas une petite somme, mais cela donne le temps de réfléchir. Cela permet aussi de dire adieu aux choses qu'on a oubliées au bout de quelques semaines ou de quelques mois. Ensuite, exercez-vous à surmonter l'idée que jeter, c'est du gaspillage. Le vrai gaspillage, c'est d'encombrer son esprit à penser à des choses « mortes », inutiles ou comme malheureuses. C'est avoir à veiller à ce qu'elles ne moisissent pas, à ce qu'elles ne soient pas mangées par les rats ou volées. C'est aussi, comme chacun le sait, devoir payer plus que nécessaire (location, impôts locaux, impôts fonciers, assurances, systèmes d'antivol…). Lorsque vous comprendrez que vivre avec le strict minimum, c'est vivre léger, heureux, libre, vous arriverez alors, petit à petit, à pouvoir jeter. Et que c'est magique. Enfin voici le test ultime pour savoir si vous avez besoin d'une chose ou non : si vous hésitez quant à son utilité, cela signifie qu'elle n'est pas nécessaire. Car si elle l'était vraiment, vous ne vous poseriez même pas la question !

LES PRÉPARATIFS CONCRETS POUR LE TRI

La technique du tapis

> « Un jour de brume –
> La grande pièce
> Est déserte et calme »
>
> Issa KOBAYASHI, haïku

Certains recommandent de fractionner le tri de ses possessions zone par zone, pièce par pièce ou placard par placard et ce, afin de ne pas se décourager. Cette méthode est valable lorsqu'il y a peu à trier, mais elle ne permet pas de faire véritablement le « tour » de ses possessions et d'en avoir une vue globale. Si vous décidez de faire le tri dans votre cuisine par exemple, vous y trouverez peut-être quelques saladiers que vous regrouperez, mais, une semaine plus tard, alors que vous vous attaquez au salon, vous découvrirez une autre pile de saladiers et vous vous retrouverez alors avec deux fois plus de saladiers que nécessaire. Nous sommes tellement submergés par les objets que nous n'avons pas toujours conscience que nous les possédons bien souvent en doublons, triplons et même plus et ce, aux quatre coins de la maison. Il vaudra donc mieux vous attaquer aux choses non pièce par pièce mais catégorie par catégorie. La meilleure technique pour entreprendre ce grand tri sera d'apporter, sur un grand tapis que vous aurez préalablement dégagé et aspiré (quitte à pousser hors du salon le canapé), tout ce qui appartient à une même catégorie. Vous aurez absolument besoin de cette grande surface vide non seulement pour avoir une vue globale de ce que vous allez trier mais aussi pour étaler casiers, boîtes, sacs de poubelle, etc. Ce n'est qu'après avoir éliminé ce qui est inutile, inutilisé, vieux, cassé ou tout simplement mal aimé que le vrai rangement pourra commencer. Mais cela, ce sera plus tard.

Prévoir une quantité suffisante de boîtes, casiers, sacs, étiquettes, etc.

> « Lorsque je me suis véritablement impliquée dans quelque chose, j'ai été moi-même très surprise par les résultats que j'ai obtenus. »
>
> Vicki MACKENZIE,
> *Un ermitage dans la neige*

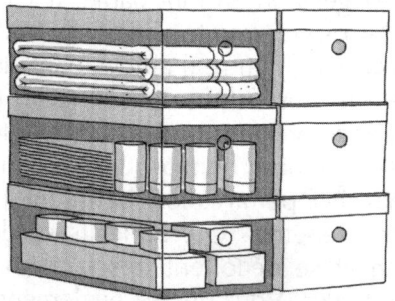

Pour entreprendre cette importante séance de tri, il vous faudra prévoir de quoi replacer les choses que vous avez choisi de garder dans des contenants. En effet, la méthode de rangement développée dans ce livre est celle de tout ranger dans des casiers, des boîtes, des paniers, sur des plateaux, etc. Vous aurez besoin de :

• Casiers (grands, petits, à roulettes) : ces premiers casiers sont peut-être « provisoires ». Vous verrez plus tard s'ils peuvent être mieux adaptés. Vous pouvez utiliser pour le moment de simples boîtes sans couvercle, des cartons ouverts, des paniers, des corbeilles. Bref, tout ce qui vous tombe sous la main en attendant d'entreprendre l'art du vrai rangement, pour replacer dans des contenants séparés, catégorie par catégorie, ce que vous avez décidé de garder (sous-vêtements, vases, matériel à pâtisserie, etc.).

• Sacs en plastique transparent à fermeture zippée ; ils sont idéaux pour ce qui est des petits objets (bijoux, piles électriques, bobines de fil, élastiques de couture…). Il en existe de toutes les tailles. Les sacs de congélation en font partie. Il vous suffira alors de les placer, une fois remplis et même s'ils ne contiennent qu'un seul article, dans des boîtes ou casiers eux aussi clairement étiquetés (matériel de couture, coloriage pour les enfants, etc.).

• Rouleau adhésif de masquage, comme celui utilisé par les peintres en bâtiment pour les rebords de fenêtres. Ces adhésifs se déchirent à la main et se décollent très facilement sans laisser de traces. Vous devrez également inscrire avec autant de précision que possible le contenu de ces casiers ou de ces sachets (taille du drap, nom de la personne prenant ces médicaments, etc.) même si ce qu'ils contiennent est évident. Et des marqueurs.

• Classeurs pour, comme leur nom l'indique, classer et des chemises en papier pour les sous-catégories dans les classeurs. Même si vous n'avez qu'un seul imprimé dans une catégorie, utilisez une chemise à part. Ces chemises seront cependant provisoires, jusqu'à ce que vous entrepreniez le vrai rangement et que vous décidiez d'investir dans de sérieux classeurs. Ceux « bricolés maison » sont inesthétiques, déprimants et peu solides.

Le papier étant l'une des matières les plus lourdes, mieux valent les classeurs à leviers ou les « classeurs de notaire » de qualité : leur robustesse vous permettra de conserver à vie certains documents. Alors, autant choisir les meilleurs sans lésiner sur la qualité. N'hésitez pas à vous organiser comme un pro.

• Sacs poubelle et ruban adhésif pour ce que vous voulez jeter, donner ou recycler. Veillez à bien scotcher ces sacs pour ne pas être tentée d'aller les revisiter plus tard.

• Cintres : il vous les faudra près de vous pour replacer les vêtements que vous décidez de garder. Ils sont, après le clou, si l'on y réfléchit bien, le plus basique des éléments de rangement !

L'ordre dans lequel vous allez procéder

> « Pour atteindre son but, il faut en briser les étapes en mini étapes. Cela paraît tellement évident que beaucoup de gens passent outre et l'oublient ou le surestiment. »
>
> Dan Millman, *Les Lois de l'esprit*

Ne désespérez pas de ce fouillis autour de vous apparemment ingérable : vous allez regrouper tout ce que vous possédez par catégories en agissant dans l'ordre suivant :

1. les vêtements et tout autre article en tissu (draps, couvertures…) ;

2. les livres et documents ;

3. la vaisselle, les ustensiles de cuisine et la nourriture ;

4. les petites choses (papeterie, petit électronique, DVD, CD, outils de bricolage, médicaments, bijoux, sacs, chaussures…) ;

5. les souvenirs et objets sentimentaux.

Respecter cet ordre est de grande importance : le fait de commencer en premier par tout ce qui est en tissu va produire un effet immédiat et comme magique dans cette première étape de votre désencombrement. Car c'est souvent cette catégorie qui prend, dans la plupart des foyers, le plus de place et qui crée le plus de désordre. Une fois le tri de cette catégorie effectué, vous ressentirez une telle satisfaction que votre courage pour vous attaquer aux catégories suivantes sera décuplé. Il est également important de comprendre que de traiter les objets « souvenirs » (lettres, photos, peluches, etc.) doit être la dernière étape : cette catégorie est la plus difficile, émotionnellement, à trier. Le fait de s'être d'abord délesté de l'inutile vous permettra ensuite d'être mieux « rodé » et plus apte à rationaliser le domaine lié aux émotions, une catégorie qui demande beaucoup plus de temps et d'énergie que les autres. Enfin, dernier conseil, ne regardez pas vos photos. Elles attendront leur tour pour être éditées et classées.

Et si les choses avaient une âme ?

« La méditation ne consiste pas
simplement à s'asseoir dans une
grotte pendant douze ans. La méditation, c'est la vie quotidienne. »

Vicki MACKENZIE, Interview

Vous allez maintenant devoir, comme tout bon
ouvrier, préparer le terrain favorable sur lequel
agir. Le premier pas a été de regrouper une
famille d'objets et de préparer casiers, cartons,
etc. Le deuxième va être de vous plonger dans un
certain état d'esprit, à savoir porter votre attention
sur chacune des choses que vous avez devant les
yeux, l'une après l'autre, en veillant à n'en négli-
ger aucune. Certes, cette démarche est quelque
peu « japonaise », le pays du Soleil Levant étant
issu du shintoïsme, culte qui prête une âme à
chaque pierre, chaque manifestation naturelle (la
pluie, l'eau, le vent) et même chaque chose. Car
chacune, pense ce peuple, mérite votre attention,
qu'elle vous plaise ou non. Elle n'est pas rentrée
dans votre vie par hasard ! Cela va être le moment
de décider si elle va continuer à vivre chez vous
et avec vous ou non. Agissez dans le silence,
avec méthode et concentration. Éteignez radio,
télévision ou chaîne stéréo. Ce que vous écoutez
peut vous déconcentrer ou vous emmener ailleurs
qu'ici, sur votre tapis. Pendant toute cette période
de tri, ne vous départez jamais de ce mantra :
« Je vais tout éliminer sauf l'indispensable et ce
qui m'apporte vraiment du plaisir. Le reste n'est

que déchets et encombrants ralentissant le flux de ma vie. »

Oubliez également l'idée de donner à Pierre ou à Paul ce dont vous voulez vous débarrasser. Encombrer les autres n'est pas de la bonté. Les personnes trop gentilles ou faibles acceptent ce qu'on leur donne mais auraient-elles choisi cet objet, ce vêtement ? Mieux vaut donner à des associations ou jeter. Si vous hésitez entre deux objets en double, choisissez le plus petit, le plus léger. Et puis… entreprenez un dialogue avec chaque chose, imaginant qu'elle puisse elle aussi vous parler. Demandez-lui si elle est heureuse chez vous, si elle se sent aimée, soignée, utile, valorisée. Ou si elle préférerait être ailleurs. Ou disparaître, tout simplement, parce qu'elle est fatiguée de vivre. Toutes ces choses que vous avez refoulées au fond d'un placard, dans une cave ou, pire, dans un box de stockage sont probablement malheureuses. *Vous* les rendez malheureuses. Et vous agissez en même temps à l'encontre de votre vrai bonheur : celui de ne vivre qu'avec ce que vous adorez, vous. Si vous décidez de leur donner une autre vie (ailleurs que chez vous), ces choses – une peluche, une écharpe tricotée main… – comprendront elles aussi que vous, ainsi que les choses que vous décidez de garder, serez tous plus heureux sans elles. Remerciez-les du bonheur qu'elles vous ont procuré lorsque vous les avez acquises, reçues ou mises au monde et dites-leur adieu. Si vous ne pouvez vraiment pas vous débarrasser de certaines, réservez-leur une place dans un petit coffre. À condition cependant que celui-ci soit peu volumineux. Ce grand tri, s'il est fait avec une profonde concentration, restera pour long-temps gravé en vous ; il vous aidera par la suite à ne plus vous entourer de l'indésirable.

Aimez et respectez chacune des choses que vous possédez. Mais ne stockez plus certaines comme des malheureuses dans un sac ou dans le fond d'un carton. Elles méritent mieux. Elles aussi ont droit au respect.

LE TRI, CATÉGORIE
PAR CATÉGORIE

**Les vêtements et autres articles
en tissu (draps, couvertures...)**

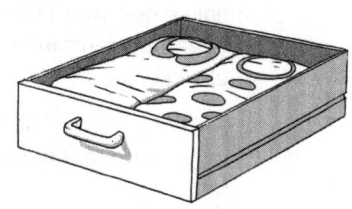

Regroupez en piles distinctes les vêtements portés à l'extérieur (manteaux, vestes, imperméables),
puis les ensembles, puis les hauts (chemisiers,
pulls, tee-shirts), ensuite les bas (pantalons, jupes).
Sélectionnez ensuite les tenues réservées à des
occasions spécifiques (sport, soirées, plage, tenues
portées à la maison, pour le jardinage). Puis le
« petit » linge et les accessoires (ceintures, foulards, gants, chapeaux). Prenez chaque vêtement

avec vos deux mains, plaquez-le contre vous et demandez-vous : « *M'est-il agréable ? Comment se fait-il que je ne le mette jamais bien qu'il me plaise tant ?* » Qu'il soit vieux et pelucheux ou qu'il vous ait coûté une fortune, cela n'a pas d'importance. Si vous décidez de vous en séparer, remerciez-le et mettez-le dans le sac intitulé « À jeter » ou « À donner ». Pour le linge de maison (couvertures, draps, serviettes de toilette, de table), ne gardez que deux sets par nombre de lits et d'occupants ou d'éventuels invités.

Livres et documents

> « En fait, c'est comme pour tout dans la vie, si vous n'aimez pas vraiment ce que vous faites, vous développez une résistance intérieure et tout s'effectue très lentement. »
>
> Vicki MACKENZIE,
> *Un ermitage dans la neige*

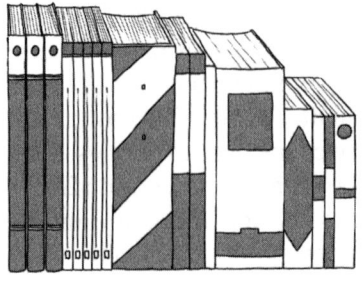

Même si cela vous semble plus facile de trier cette catégorie directement là où elle se trouve (en général sur des étagères), mettez tout à terre : les livres et documents reposant sur des étagères « dorment ». Ils ont besoin d'être « réveillés », aérés. Comme pour les vêtements, prenez-les, un à un, sans les ouvrir. Vous devez décider sur-le-champ de leur sort. *« N'es-tu pour moi que du papier ? Quelle influence as-tu dans ma vie ? Ai-je déjà eu envie de te relire ? »* Si vous possédez un livre depuis plus de six mois et que vous ne l'avez pas lu ou lu qu'à moitié, c'est qu'il n'était pas fait pour vous, quoiqu'en dise votre conscience. Remerciez-le et séparez-vous-en. Puis replacez ce que vous avez décidé de garder de cette façon : les romans avec les romans, les livres pratiques (dictionnaires, livres de recettes, livres illustrés, magazines...) avec les livres pratiques, les carnets avec les carnets et ainsi de suite. Mettez à part albums, photos et négatifs : ils attendront leur tour pour être triés. Idem pour les prospectus, brochures et autres imprimés que vous n'avez pas encore eu le temps de regarder. Débarrassez-vous également-ment des modes d'emploi si vous avez un ordinateur : la plupart des notices se trouvent sur le Net. Mais si vous les conservez, rangez-les près des objets auxquels ils correspondent (manuel de TV près de la TV, manuels de jouets des enfants dans un classeur, dans leur chambre, à portée de leur main...). Pour les formats hors norme (radios médicales, dessins, petits posters, grandes photos, peintures, collages...), pensez aux grands cartons à dessin : ils sont faciles à glisser derrière un meuble ou dans le fond d'une armoire. N'oubliez pas non plus de scanner vos documents importants ou, tout simplement, prenez-les en photo afin de les stocker dans votre ordinateur ou dans votre boîte mail, à votre nom ou sous un pseudonyme.

Enfin, pour tout ce qui est des adresses, numéros de téléphone, planning de la famille, le gros classeur est fait pour classer (coordonnées du plombier, du livreur de pizzas, des médecins, listes de courses, livres ou films à voir, horaires de bus, recettes de cuisine découpées…), ainsi que les ordonnances en cours, les factures à régler (qui devraient être réglées sur le moment pour ne pas encombrer son esprit), etc. Mais attention : ne le remplissez pas trop car il perdrait alors de son efficacité. Il ne doit pas devenir le déversoir de votre boîte aux lettres ni celui de votre sac à main, mais rester un objet ultra pratique dans lequel tout renseignement est accessible en un quart de seconde.

Vaisselle, ustensiles de cuisine et nourriture

> « Les qualités plus spécifiquement féminines – que beaucoup d'hommes possèdent également – sont la clarté et l'acuité de l'esprit (…). Les femmes veulent du solide et du concret, parvenir à un état de stabilité et de calme. Elles se forgent des concepts et essaient d'en tirer

des choses concrètes. Trancher et
trancher sans relâche ; réduire tout
au strict minimum. »

Vicki MACKENZIE, Interview

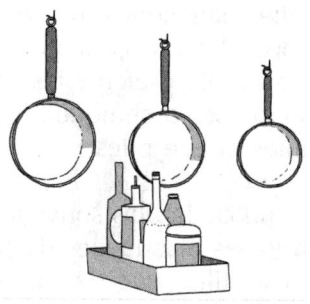

Cette catégorie regroupe tout ce qui concerne
les actes de « cuisiner, boire, manger, stocker ».
Elle exclue les produits d'entretien, même si ceux-
ci se trouvent dans la cuisine. Premièrement,
séparez les ustensiles de cuisine de la vaisselle.
C'est le moment ou jamais de mettre dans des
casiers tout ce qui crée le désordre parce que
« sans forme » et « in-ran-gea-ble » (rouleaux
à pâtisserie, hachoirs…). Si vous hésitez entre
deux séries d'assiettes, choisissez celles qui
s'empilent le mieux. Combien de pièces de vaisselle possédez-vous (assiettes, bols, ramequins) ?
Quelles sont les pièces qui font double emploi ?
C'est peut-être le moment de vous séparer de
certaines. De garder un nombre limité pour les
entrées (plats et assiettes ou ramequins), le plat
principal, le dessert, etc. Idem pour les poêles,

les faitouts, les cocottes. Si vous hésitez, sachez que sept éléments de cette catégorie sont amplement suffisants (une cuisinière classique contient au maximum quatre zones de cuisson !). Soyez également vigilant sur les matières : certaines céramiques en terre brute par exemple ont certes bien du charme mais sont difficilement empilables. Idem pour les plats, saladiers ou ramequins de forme ovale ; préférez les ronds ou les carrés. Dernier conseil technique : lors du tri sur votre tapis, faites quatre piles :

1. ce qui est utilisé le plus souvent (à replacer dans les endroits les plus faciles d'accès) ;

2. ce qui n'est utilisé que de temps en temps (à ranger dans des boîtes ou des casiers placés dans le bas d'un placard) ;

3. ce qui est rarement utilisé (à mettre tout en haut d'un placard) ;

4. ce qui n'est jamais utilisé (et qui doit donc partir).

Puis passez à la nourriture. Vous découvrirez probablement des produits périmés ou très peu utilisés (vous les aviez achetés pour une recette que vous n'avez réalisée, en un an, qu'une seule fois). Mettez dans des casiers et des paniers provisoires les sacs de farine, de céréales ou autre. Ils se tiennent mal. Plus tard, lors du vrai rangement, vous leur choisirez des contenants adéquats.

Les petites choses

> « On peut dans la mesure de nos moyens, même s'ils sont petits et modestes, accomplir notre but et, en faisant de petites choses, nous pouvons en réaliser de grandes. »
>
> Thérèse de Lisieux

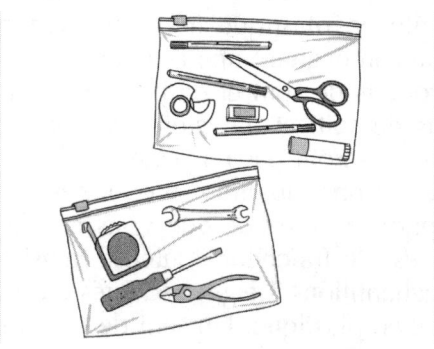

Par « petites choses », entendez ces centaines de petits articles, utiles ou inutiles, envahissant dessus de commodes, plans de travail, tablettes de salle de bains ou remplissant les tiroirs sans avoir d'emplacement spécifique. Ce sont aussi tous les objets de petite papeterie, d'électronique, les DVD et CD, les outils, les médicaments et les articles personnels tels que bijoux, sacs ou chaussures. Toutes ces petites choses, pour la plupart personnelles et « consommables » (mouchoirs en papier, produits de beauté, d'entretien, bougies, carnets de chèques, cartes bancaires), sont souvent celles qui encombrent le plus notre espace alors qu'un grand nombre d'entre elles n'est ni indispensable ni bénéfique à notre bien-être. Triez pour cette catégorie chaque objet dans l'ordre suivant :

1. CD et DVD : éliminez les CD que vous n'écoutez plus. Quant aux DVD, aurez-vous envie de tous les revisionner dans 6 mois, 5 ans, 10 ans ? Si vous voulez gagner de la place, rangez-les dans des classeurs spéciaux et jetez leur boîte en plastique (ne conservez que les livrets accompagnant une œuvre) ;

2. produits de soin et de beauté : séparez les produits de soin et d'hygiène de votre maquillage (ils ne seront pas rangés ensemble, comme nous le verrons plus loin). Vérifiez les dates de péremption et jetez ce que vous n'utilisez pas ou qui est de fraîcheur douteuse, ainsi que les vieux échantillons, peignes édentés ou brosses à cheveux en plastique. Un seul de ces objets par personne suffit ;

3. médicaments : gardez-les dans leurs boîtes d'origine (posologie et date de péremption indiquées) et regroupez-les dans un casier placé en hauteur si vous avez de jeunes enfants. Prévoyez également un casier séparé pour des soins individuels et une boîte intitulée « Pharmacie de secours » (rhumes, petits bobos, migraines…) pour tous ;

4. vos bijoux : rangez chacun d'eux dans de petits sachets en plastique transparent. Cela évitera le cauchemar des chaînes nouées, des rayures, des boucles d'oreilles orphelines ainsi que de l'oxydation des métaux argentés. Placez

ensuite ces petits sachets dans une boîte étiquetée
« Bijoux » ;

5. les chaussures : cela va de soi, éliminez
celles qui vous font souffrir ou celles que vous
ne portez pas ;

6. enfin les sacs : ne les rangez pas les uns dans
les autres ; vous les oublieriez vite. Souvenez-
vous aussi qu'un sac en peau n'est beau qu'à
condition d'être utilisé. Il a besoin d'être tou-
ché, aéré, caressé. Délaissé, il devient triste, son
cuir durcit, ternit. S'il n'est que très rarement ou
jamais porté, ce sac ne serait-il pas plus heureux
au bras d'une autre ?

7. cartes (de visite, de crédit, d'abonnement, de
fidélité) : elles ont l'avantage d'être toutes de la
même taille et donc faciles à regrouper, ne serait-
ce qu'avec un simple élastique. En ce qui concerne
les talons de carnets de chèque, ils n'ont pas leur
place, à cause de leur forme, dans des classeurs.
Devant être conservés, ils auront besoin de leur
boîte. Redécouvrez enfin les plaisirs d'autrefois
avec une bonne grosse trousse de crayons pour
vos stylos, tube de colle, gomme, agrafeuse, etc. ;

8. « petit électronique » (appareils photo,
anciens portables, cordons de raccordement...) :
chacun d'entre eux devrait être rangé dans une
boîte ou un casier à part avec tout ce qui s'y
rapporte (bon de garantie, câbles, chargeurs, cordons d'ordinateur...). Jetez tout ce dont vous avez
oublié l'utilité et l'origine, et tout ce dont vous
ne vous servez jamais ;

9. outils de bricolage et matériel de loisirs (couture, peinture, broderie...) : une boîte par fonction, étiquetée. Ne soyez pas pingre en nombre :

vous y gagnerez en clarté et en temps (« ampoules électriques », « piles électriques », etc. Une astuce pour les rallonges de fils électriques : glissez chacune d'elles dans un tube de papier de toilette en indiquant sa longueur et son utilisation) ;

10. produits d'entretien (mouchoirs en papier, papier de toilette, eau de Javel…) : jetez ceux que vous n'utilisez pas ou ceux qui sont trop vieux pour ne garder que ceux véritablement efficaces – si peu nombreux ! Vous pourrez alors les regrouper dans un grand seau rectangulaire placé sous un évier ou sous un lavabo. Quant aux sacs en papier, n'en gardez que cinq maximum. De nouveaux entrent chez nous aussi vite que les autres en sortent. Une de mes « trouvailles » récentes est de ranger tous mes stocks ensemble, quelle que soit leur nature (produits d'entretien, d'hygiène, boîtes de conserves…). Cela peut paraître déplacé mais j'ai maintenant l'impression d'être la propriétaire d'un petit magasin et je n'ai plus à subir des produits en double dans mes placards. Lorsque je sors un produit de mon stock, je veille tout simplement à ne pas oublier de le remplacer lorsque je vais faire mes courses.

Souvenirs et objets sentimentaux

> « Les vrais souvenirs, c'est dans la tête que ça se range. »
>
> Monique DE GRAMONT, *La Clé de fa*

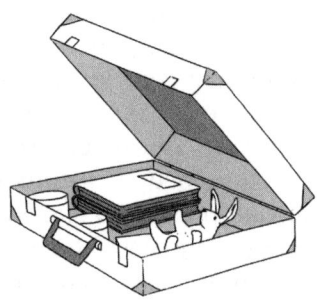

Cadeaux, objets de personnes disparues… ce ne sont pas eux qui vous lient aux personnes aimées. Même s'ils ne sont plus entre vos mains, les personnes qu'ils vous rappellent sont et demeureront à jamais en vous. Un ou deux objets choisis parmi les plus chers à votre cœur et les moins volumineux, conservés et bien exposés (ou alors, comme au Japon, dans un petit « autel » sur l'étagère d'une armoire, à hauteur de vos yeux par exemple, accompagnés de la photo de la personne à laquelle ils sont rattachés) deviendront l'essence de vos souvenirs.

Il existe aussi bien des façons de faire revivre certains de ces souvenirs, de se les réapproprier (les utiliser, les transformer, les customiser, les porter) au lieu de les laisser au fond d'un tiroir ou d'un grenier : porter toutes ensemble sur un doigt les alliances de vos aïeuls, faire refaçonner un bijou dans un style plus moderne, transformer un vase en lampe, faire du costume en belle serge de votre grand-père quelques coussins ou d'un vieux pull en cachemire un bonnet, une écharpe et des gants. En ce qui concerne le reste, vous pouvez le photographier avant de l'éliminer et plus tard composer un petit poème pour chaque photo. Il est difficile, certes, de faire la part entre ce qui est nécessaire et le reste. Mais pendant que vous hésitez entre jeter ou non, n'oubliez pas que les choses, elles, petit à petit, s'accumulent. Enfin, essayez autant que possible d'être lucide : vous possédez des choses que vous adoriez autrefois et que vous ne regardez même plus, alors qu'elles trônent au beau milieu de votre salon. Dites-vous que les choses, c'est comme les amoureux. Qu'au fil du temps, la relation avec certaines s'est ternie. Le secret, pour se débarrasser de tout ce que vous ne « voyez » plus, de ce que vous aimez moins, c'est de mettre de la distance entre ces choses et vous. Et puis, si vous avez tout fait pour essayer de leur redonner leur éclat et une nouvelle vie mais que rien n'y fait, que la « petite flamme » ne revient pas, il est temps de leur dire adieu.

Enfin les photos : ne vous mettez pas, lors de votre grand tri, à les regarder. Les classer dans des albums est un travail de fond qui vous demandera beaucoup de temps et d'énergie, surtout si vous ne les avez jamais triées. Vous devrez alors prendre une bonne journée exclusivement réservée à ce tri. Mais rassurez-vous, lorsque vous aurez fini ce tri, dites-vous que plus jamais vous n'aurez à recommencer cette opération. Ensuite, une simple mise en ordre de routine suffira.

Une famille canadienne

Une chaîne de télévision canadienne diffuse parfois des émissions sur le désencombrement.

On y suit une famille souffrant de désordre en lui proposant de l'aider. Père, mère et enfants ont alors 30 minutes pour rassembler les choses auxquelles ils tiennent le plus (vêtements, documents, jouetscela, afin qu'ils n'aient pas le temps d'hésiter) puis ils sont envoyés pendant un mois à l'hôtel, période durant laquelle l'équipe de télévision vide de fond en comble leur maison et la rafraîchit un peu (fabrication de cloisons pour que chaque enfant ait son coin, création d'une chambre parentale s'il n'y en avait pas, peintures, remplacement des vitres cassées…). Au bout d'un mois, la famille découvre sa nouvelle demeure puis elle est conduite dans l'entrepôt où ont été exposés, comme dans un hangar de brocante, les centaines d'objets qu'elle n'avait pu emporter. On demande alors à chacun : « Que désirez-vous récupérer ? ». La plupart d'entre eux ne reprennent en moyenne que 25 % de leurs anciennes possessions. Les enfants s'exclament : « Mais pourquoi est-ce que j'avais ceci ? Et cela ? C'est si laid ! »

Et vous, si l'on vous demandait de résumer sur une liste (exceptés bien sûr, les documents que vous êtes obligé de conserver) vos possessions essentielles, que noteriez-vous ?

Troisième partie

LES ÉLÉMENTS DE RANGEMENT

« L'esthétique, si l'on y réfléchit un peu sérieusement, n'est
rien d'autre que l'initiation à la
voie de l'adéquation, une sorte
de voie de samouraï appliquée
à l'intuition des formes authen-
tiques ; nous avons tous, ancrée
en nous, la connaissance de
l'adéquat. C'est elle qui, à chaque
instant de l'existence, nous permet de saisir ce qu'il en est de
sa qualité et, en ces rares occasions où tout est harmonie, d'en
jouir avec l'intensité requise. Et
je ne parle pas de cette sorte de
beauté qui est le domaine de l'art.
Ceux qui, comme moi, sont ins-
pirés par la grandeur des petites
choses, la traquent jusqu'au
cœur de l'inessentiel, là où,
parée de vêtements quotidiens,
elle jaillit d'une ordonnance des

choses ordinaires et de la certi-
tude que c'est comme cela doit
être, de la conviction que c'est
bien ainsi. »

Muriel BARBERY,
L'Élégance du hérisson

Vous avez donc, en principe, éliminé ce dont
vous n'aviez pas besoin et gardé le reste. Il va
falloir maintenant « vraiment ranger ». Et c'est là
que les vrais résultats vont voir le jour. Afin de
« caser » l'extrême diversité des objets dans un
intérieur, une observation approfondie de leurs
formes, mesures et destinations s'impose. Du
mouchoir au drap, du coquetier au pardessus,
du CD à la valise… la majorité de ces objets
doit avoir son emplacement en fonction de son
utilisation mais aussi de son volume, de sa forme
et de sa taille. Ranger, nous l'avons déjà dit, ce
n'est pas empiler au petit bonheur la chance les
choses sur des étagères. C'est trouver le contenant parfait pour une chose puis la place de ce
contenant sur une étagère, dans un placard, un
tiroir ou sous un lit. Nous avons le luxe, de nos
jours, d'avoir accès à une multitude de modules
pour ranger : autant dans le commerce (étagères
en kit, boîtes en plastique, carton, aluminium,
bois) qu'avec les contenants de récupération
d'excellente qualité que produit notre société
de consommation. Crochets, patères, étagères,
bouteilles vides d'eau minérale, casiers… rien
que ces simples éléments permettent à n'importe
quelle personne de vivre, si ce n'est dans l'inté-

rieur de ses rêves, du moins dans un intérieur organisé et confortable. Du casier au meuble, en passant par la simple planche de parquet fixée le long d'un couloir en guise d'étagère, les solutions d'organisation domestique sont nombreuses et variées, réalisables à moindres frais et sans talents particuliers de bricoleur.

CASIERS, BOÎTES ET AUTRES CONTENANTS

La boîte, le plus petit et le plus mobile des rangements

> « Sans argent, on devient plus intelligent. »
>
> Proverbe antillais

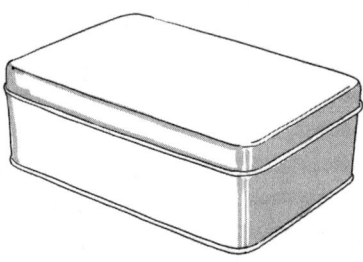

Ma grand-mère, je me souviens, avait chez elle une pièce spécialement consacrée aux boîtes vides qu'elle conservait et chérissait comme des trésors. À son époque, on consommait peu et lorsque vous aviez la chance de recevoir un cadeau dans une boîte, vous ne la jetiez pas ! Ma mère, elle aussi, récupère la plupart des boîtes qui entrent dans la maison. Elle se justifie toujours en disant : « Je trouve qu'une boîte, c'est beau. »

J'ai probablement hérité d'elles car j'adore moi aussi les boîtes (comme d'ailleurs les sacs, les pochettes, les trousses) qui plaisent particulièrement à mon tempérament nomade et me permettent de vivre libre, sans trop d'attaches à un lieu en particulier, sans beaucoup de meubles ni autres possessions volumineuses. En d'autres termes, pour moi, le rangement par les boîtes, les casiers et autres petits contenants, c'est la voie de la mobilité et de la légèreté.

La boîte, héritage des peuples nomades

> « Lorsqu'un objet est inutile, il faut le rendre beau, sans quoi il n'a pas de raison d'être. »
>
> Oscar WILDE, *Pensées*

Ma passion pour les boîtes a probablement une autre origine : l'influence de 30 ans vécus au Japon. Dans ce pays, la boîte a toujours intimement fait partie du quotidien. On y range tout. Au point que les maisons cossues d'autrefois possèdent encore, attenant au corps de bâtiment principal, un « kura », sorte de pavillon fait de terre, de chaux et autres matériaux ignifugés. Y sont entreposées, de génération en génération, les boîtes contenant les trésors familiaux (laques, céramiques, rouleaux de peintures, poupées, kimonos, statuettes, reliques religieuses, etc.) pour les préserver du feu et des tremblements de terre. Ces boîtes sont généralement en bois de *kiri*, bois ultraléger, antimites et parfait pour les climats humides. Même de nos jours, la valeur d'une antiquité tient bien souvent autant à sa boîte (signée et parfois même enrichie d'un poème) qu'à son contenu. Sans sa boîte, un bol de cérémonie du thé perd la moitié de sa valeur. Cette tradition nous vient de Corée, pays dans lequel la boîte et le coffre constituaient jadis les deux seuls éléments de rangement d'un foyer. On peut encore admirer, dans les maisons-musées de Corée, comment les habitants vivaient autrefois : uniquement avec une petite table basse et un coffre pour leur literie, ainsi que quelques boîtes laquées posées tout simplement sur des étagères surmontant les portes de leurs demeures ou dans de petites pièces-placards de deux ou trois mètres carrés, sur des rayonnages.

Il serait passionnant d'étudier également l'origine des premiers coffres. Cela permettrait peut-être d'affirmer que la boîte est l'élément de rangement le plus ancien, le plus universel et le plus pratique au monde. Un contenant simple, peu coûteux, fonctionnel, compact, protecteur et surtout mobile. Le plus petit, en quelque sorte, des meubles.

Un des meilleurs alliés du rangement : le casier

Vous l'aurez compris, les lignes qui vont suivre seront consacrées aux contenants aidant à obtenir un rangement parfait. Le casier en premier. Si la boîte est pratique pour ce que l'on veut protéger des débordements et de la poussière ou pour ce que l'on veut empiler ou transporter, elle imposerait bien des contraintes s'il fallait en retirer le couvercle à chaque utilisation. Le casier en revanche est magique, aussi bien pour les étagères profondes que pour les espaces étroits ou difficiles d'accès (très bas ou très hauts). Il permet également de regrouper en familles distinctes les divers objets du quotidien et de les ranger avec netteté, rigueur, logique et économie de place. N'importe quel casier, posé sur une étagère, a la même fonction qu'un tiroir. Mais il est plus mobile et, en général, plus léger. Il s'adapte non seulement à n'importe quel emplacement mais aussi à n'importe quel objet.

La condition principale pour faire bon usage d'un casier est sa matière. Oubliez les casiers en carton peu solide. Ils se détériorent avec le temps. De même pour ceux qui sont trop lourds ou trop volumineux : ils découragent l'envie de ranger avec soin, précision et minutie. Les meilleurs sont en plastique fin, transparent ou opaque mais assez rigides et très lisses pour glisser sur n'importe quel support ; en bois aussi, ou en rotin. Veillez également à ce qu'ils soient dans les tons neutres. Si vous remplissez les étagères de vos placards de boîtes et casiers bariolés ou à logo, vous aurez l'impression de vivre dans un souk. Ce que vous voulez, c'est ouvrir une porte de placard ou un rideau sur un havre de paix et de repos visuel et sortir ou remettre un casier à sa place d'un geste coulant et fluide. Les seules poignées pratiques acceptables sont celles placées à l'avant des casiers, comme des tirettes. Si vos casiers en sont démunis, rien de plus simple que de percer deux trous dans lesquels vous glisserez une cordelette.

Quels types de contenants choisir ?

> « La netteté de cette chambre de malade me rassurait. Le canapé et la fenêtre, le réfrigérateur et les murs, la table et le lit. Tout était soit à angle droit soit à cent quatre-vingt degrés. »
>
> Yoko OGAWA,
> *Une parfaite chambre de malade*

La taille et la forme de vos casiers dépendront des espaces dont vous disposez (étagères, dessous d'éviers, dessous de lits…). Avant de vous lancer dans le vrai rangement, vous devrez donc prendre des mesures et choisir le type de casier approprié au contenu que vous voulez y placer. Vous pouvez trouver toutes sortes de bons casiers dans le commerce (grandes surfaces, magasins discount ou de décoration, etc.) mais aussi utiliser des boîtes à chaussures sans couvercle, des boîtes à thé ou à biscuits en fer. En règle générale, pour un rangement parfait, acceptez une fois pour toutes le fait que les FORMES CARRÉES ou RECTANGULAIRES seront les SEULES à être ADMISES dans vos placards et sur vos étagères. Ceci, parce qu'elles sont uniformes et permettent d'ordonner – donner un ordre –, ranger – mettre en rang –, aligner – mettre en ligne – pratiquement tout objet, qu'il soit rond, ovale, pointu, tarabiscoté ou sans forme (tissus fluides, paquets de chips, casse-noix…). Lorsque vous choisirez vos contenants carrés ou rectangulaires, veillez donc à ce qu'ils soient de forme nette : ni évasée, ni bombée, sans rebord, ni anse. Au « carré ». Uniquement au carré. Une fois que vous aurez, mètre en main, mesuré et trouvé le contenant parfait pour l'emplacement et l'objet, vous pourrez dire adieu aux boîtes en forme de cœur, de boule ou toute autre forme, quel que soit son charme. À moins de vouloir utiliser des formes originales en déco, rappelez-vous que pour ce qui est du rangement (en principe hors de vue) tout doit être aussi fonctionnel que possible.

Liste suggestive de contenants commercialisés

• Les casiers ou bacs à roulettes (pour le dessous d'un lit, d'un lavabo ou le bas d'un placard profond). Vous pourrez y ranger couvertures, couettes, jouets d'enfant, matériel et produits d'entretien, vêtements hors saison, stocks de produits de toilette, etc.

• Les gros coffres en plastique à poignée pour les outils de petit jardinage (pelles, seaux, graines, balayette et petite brosse pour la terre éparpillée…).

• Les grands seaux rectangulaires en plastique et à poignée pour le matériel de ménage d'une grande maison, à transporter avec soi lors de la tournée-nettoyage (pelle et balayette, torchons, lingettes, gants en plastique, produits en poudre, sprays…). Deux seaux peuvent être emboîtés l'un dans l'autre : le premier pour l'eau, le deuxième pour les produits. Les seaux à peinture des peintres en bâtiment, bien carrés, sont eux aussi très pratiques. Vous pouvez y ranger tous vos produits debout et faire sécher serpillières et chiffons sur leur rebord.

• Les casiers en plastique sans couvercle pour les paquets difformes (chips, céréales, biscuits, chocolat…), les bouteilles d'huile salissant si souvent les étagères de la cuisine, les sacs de farine, de pâtes.

• Les boîtes aimantées (pour les épices, le bricolage, les accessoires de mode).

• Les boîtes à chaussures s'ouvrant par le devant. Empilables, elles permettent d'obtenir un énorme gain de place dans une petite entrée ne pouvant accueillir un meuble.

• Les attachés-cases en plastique transparent de format standard pour les vêtements froissables ou difficiles à garder pliés (chemisiers à volants, en satin ou en dentelle, foulards et pyjamas en soie, pulls en angora…).

• Les classeurs en plastique verticaux : pour les poêles et les grands plats à ranger debout, les bouteilles d'huile et de vinaigre ; pour les produits d'entretien dans un espace étroit.

• Les boîtes longues et étroites à fixer à l'intérieur de portes de placards trop profonds.

• Les boîtes empilables en plastique transparent pour les petits accessoires fragiles (broches en tulle perlée, fleurs en tissu, rubans de coiffure).

• Les corbeilles en osier avec une anse rabattable (sinon inutile de perdre de la place en hauteur) pour les lingettes en microfibre, spray de vinaigre blanc, spatule, petite brosse pour dépoussiérer les replis des fauteuils, pour des travaux manuels en cours (tricot, broderie) ou le set du petit déjeuner (tasses, confitures, pot à lait, sucre, cuillères).

• Les paniers à poser au sol, près d'un canapé, pour les journaux et les magazines ; les plus petits, eux, sont parfaits pour les flacons et sachets d'épices (il suffit de sortir le panier sur le plan de travail puis de le ranger lorsque la cuisine est terminée. Les flacons d'épices exposés en permanence hors d'un placard de cuisine deviennent vite poisseux avec les vapeurs graisseuses de cuisson).

• Les coffres de rangement au pied du lit : très anglo-saxons et trop peu utilisés chez nous, malheureusement !

• Les sacs zippés transparents pour toutes les petites choses difficiles à ranger telles que les épices en vrac, le petit matériel (bobines de fil, pressions, crochets, chargeurs d'appareils photo, mini-trousses de secours dans le sac à main ou pour voyager, petite papeterie, pincettes, ciseaux, bandes médicales de la boîte à pharmacie…). Placés eux-mêmes dans des boîtes sans couvercle, ils permettent de repérer rapidement ce dont on a besoin.

• Les filets ou les sacs en coton (pour les ballons, les frisbees, le matériel de sport) qui, suspendus à un crochet, reflètent à merveille l'esprit du nomade organisé.

• Les plateaux : ils représentent eux aussi une autre forme de rangement à la fois esthétique et pratique. Tels de petits serviteurs infatigables, ils permettent, d'un geste, de soulever un groupe entier d'objets pour nettoyer une surface ou transporter là où on le souhaite (chambre, terrasse, salon) un repas complet. Ils sont très utiles également pour regrouper toutes ces petites choses du quotidien qui ont l'art de nous faire faux bond au moment précis où nous en avons besoin (lunettes, télécommandes de TV ou de clim, stylos et mémos…). Les plateaux ont également l'avantage de prévenir les taches sur le bois. Le regroupement d'une même famille d'objets (verres anciens, accessoires pour le thé, flacons de parfums…) sur un joli plateau en bois patiné forme instantanément un ravissant élément de décoration et offre l'opportunité à de beaux objets souvent dispersés de « revivre » en étant non seulement admirés mais remis en fonction.

• Les plateaux tournants : très pratiques dans un placard profond et haut, ils permettent, sur un étage ou deux, de rassembler toutes sortes de petits flacons, pots, etc.

• Les « petits bancs » en plastique pour les intérieurs de placards : ils permettent de faire plusieurs piles de vaisselle sur deux hauteurs sans perte d'espace.

Liste suggestive de contenants de « récup »

Boîtes de récupération, bocaux en verre, bouteilles en plastique… avec un peu d'imagination on peut trouver bien des idées sans avoir à acheter !

• Les boîtes à chaussures (grandes, petites) à couvercle et en carton solide : idéales pour les sous-vêtements, gants, maillots de bain, accessoires de saison (« Hiver » – gants, écharpes, chapeaux – « Piscine » – maillot et serviette –, « Rollers », « Déco de Noël », « Déco anniversaire » – petites bougies, guirlandes… –, « Déco de table » – bougies de table, accessoires… –, « Maquillage », « Pharmacie », « Presse-agrumes », etc.). Les boîtes à chaussures sont en outre idéales, empilées les unes sur les autres dans un coin de votre entrée si vous n'avez pas de meuble à chaussures. Prendre une photo de vos chaussures et la coller sur le devant de ces boîtes vous fera enfin gagner un temps précieux.

• Les petites boîtes plates et peu profondes (boîtes en fer carrées de bonbons) pour les clous, les vis.

- Les boîtes de mouchoirs en papier vides pour les sacs en plastique (une boîte « L » pour les grands, une autre « M » pour ceux de taille moyenne et une dernière « S » pour les petits).

- Les boîtes de lessive pour les jouets et les vêtements des tout-petits. Vous pouvez les décorer en les recouvrant de dessins, papiers peints, photos ou les étiqueter avec la liste de leur contenant sans oublier de noter les tailles, les saisons et le nom des enfants.

- Les boîtes hautes et oblongues (boîtes à thé) sans couvercle : pour les crayons, menus outils, pinceaux de maquillage.

- Les boîtes à biscuits en fer pour le kit « cirages et brosses », des rallonges de fils électriques, etc.

- Les bocaux en verre rectangulaires de café soluble. Avec leur taille parfaite et leur couvercle hermétique se rebouchant d'un joli petit « clic », ils sont de véritables petits trésors de stockage (tisane, thé, levure, gélatine, gros sel, Maïzena, sucre, cacao, épices). Une de mes tantes utilise les mêmes depuis plus de 30 ans. Élégamment rassemblés sur un plateau tournant, ils sont dignes d'un rangement de pro. Ils existent en deux tailles. Ils pourraient donc virtuellement renfermer toutes vos provisions alimentaires. Le simple fait de placer, côte à côte, des contenants visuellement identiques sur une étagère décuple l'effet apaisant qu'ils projettent.

- Les bouteilles en plastique carrées d'un litre ou un litre et demi : elles protègent le riz, les graines, les fèves, la semoule, les pâtes, etc. des fourmis et autres petites bestioles (pour une protection 100 %, ajoutez 1 ou 2 piments rouges séchés). Elles ont également l'avantage de pouvoir bien doser les préparations culinaires.

• Les boîtes et casiers à compartimenter soi-même : ma sœur a eu la bonne idée, pour protéger ses verres en cristal, de confectionner une boîte à compartiments à l'aide de bandes de carton rigide incisées puis assemblées en X. Boîte en main, elle peut ainsi dresser sa table de réception en deux temps trois mouvements.

Le tiroir, successeur du coffre...

Avec le temps, le coffre, devenu malle pour faciliter les déplacements, s'est peu à peu sédentarisé, stabilisé, organisé, pour se muer en tiroir. Les utilisations multiples qu'il offre, la précision de classement et la protection qu'il assure, en font un élément de rangement rêvé. Sa qualité première, c'est la mobilité qui permet l'accès immédiat à son contenu, même dans des zones inférieures sans vision directe. Un tiroir bien mis à profit est un tiroir dans lequel on place des objets ayant la hauteur de sa profondeur. Si celle-ci est de 8 cm par exemple, vous y rangerez petits porte-monnaie, cartes de crédit ou de fidélité, Scotch, nécessaire à couture, vernis à ongles, mouchoirs en papier de sac, paquets de cigarettes... Si elle est de 20 cm, verres à pied, DVD, appareils photo. Et puis, un bon tiroir est compartimenté. Les manières de le « fragmenter » ajoutent encore à l'importance des services qu'il rend. Une enquête a prouvé qu'un tiroir de bureau compartimenté (crayons, calculettes, ruban adhésif, trombones) permettait un gain de temps appréciable sur la performance des employés.

Les contenants, en règle générale...

> « C'est ce qui est le plus caché qui doit être le plus ordonné. »
>
> Ma grand-mère

Les contenants perdraient toute valeur s'ils demeuraient de simples volumes dont on n'utilise pas à fond l'espace et la capacité. Il est logique de choisir de petites boîtes pour les petites choses et de grandes pour les grosses (peluches des enfants, couettes). Mais attention aux contenants volumineux : ils découragent l'accès à leur intérieur parce qu'ils sont une charge pour le corps. Mieux valent deux petits contenants qu'un grand. Avant de commencer à aligner boîtes et contenants sur vos étagères, prenez un mètre et mesurez les volumes disponibles (longueur, largeur, hauteur d'une étagère). Chaque casier doit parfaitement s'emboîter sans qu'il y ait de place perdue entre deux. Décidez des objets que vous désirez y ranger puis partez à la recherche (données enregistrées dans un petit carnet) des contenants parfaits. N'oubliez pas non plus de mesurer les espaces morts que vous aimeriez mettre à profit (derrière la cuvette des WC, sous l'évier de la cuisine, etc.) ainsi que les espaces que vous voudriez utiliser sous un lit, sous un canapé. C'est bien souvent lorsqu'on ne cherche pas qu'on trouve, au détour d'un après-midi lèche-vitrines, le contenant parfait. Vous vous féliciterez alors d'avoir avec vous, dans un calepin et avec un mini ruban à mesurer, toutes vos cotes. Car, ranger, rappelons-le, c'est avant tout… *trouver la juste mesure* !

CROCHETS, PATÈRES ET TRINGLES

« À l'instant où l'esclave décide qu'il ne sera plus esclave, ses chaînes tombent. »

Gandhi

Crochets, patères, tringles… On peut trouver quelques magnifiques idées élevées au domaine du sacré et d'une esthétique enviée par les

plus grands designers dans les intérieurs de la communauté religieuse des Shakers (des livres de déco entiers sont consacrés à leur style si unique et épuré), les temples zen japonais ou les vieilles demeures anglo-saxonnes. Le Shaker fixe au mur de sa cuisine, à hauteur de tête, quelques patères pour accrocher les chaises pendant le nettoyage du sol. Le bonze zen, lui, n'a rien d'autre, pour ranger ses rares possessions (une tenue de rechange, un kimono et un sac), que la barre murale en bois des dortoirs du temple. La cuisinière anglo-saxonne, quant à elle, accroche ses ustensiles de cuisine (passoires, marmites, paniers, etc.) non seulement aux murs de sa cuisine mais au plafond, grâce à une sorte de système de suspension à crochets.

Suspendre, accrocher, c'est ranger et distribuer l'espace pour disposer les objets de façon à éviter le désordre : quelques patères dans une chambre ou une entrée en fouillis pour faire disparaître n'importe quel tas de vêtements entassés sur des chaises et redonner à cette dernière son usage initial, un ou deux crochets dans un garage exigu pour que les vélos n'encombrent plus l'espace : fini les manœuvres inutiles en rentrant sa voiture.

Kinuko, une amie ultra minimaliste vivant volontairement sans meubles ni appareils électriques (elle ne loue que des meublés), ne possède que quelques vêtements et objets personnels. Sa chambre de 6 tatamis (1 tatami = 1,80 m x 0,90 m) ne contient qu'un futon, une petite table pliante, une simple étagère pour ses menus effets personnels et, suspendus à un linteau, tous ses vêtements sur des cintres. Elle a parfaitement compris que les crochets, les patères, les tringles, les cintres... sont de véritables petits trésors. Ils offrent, surtout dans un logement urbain, un gain d'espace précieux et un usage (souvent inespéré car méconnu) des espaces morts. Cabinets d'aisances, entrées mais aussi surfaces intérieures des portes, dos de chaises... mille petites surfaces peuvent ainsi, grâce à quelques coups de marteau et autant de clous, vous permettre de vivre dans l'ordre sans vous encombrer de bien des meubles.

Crochets, patères et tringles dans la cuisine

« Ce qui est fonctionnel est beau. »

Frank Lloyd Wright

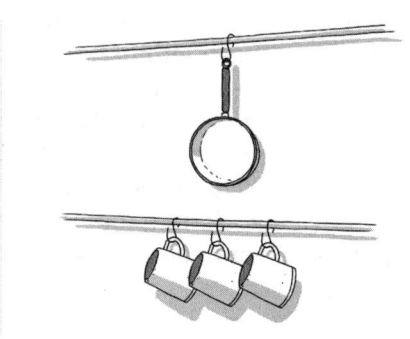

Une cuisine doit être plus fonctionnelle qu'esthétique. Pour la rendre telle, exploitez chaque parcelle d'espace autour de vous et réfléchissez, méthodiquement, un à un, à chacun de vos gestes pour faire en sorte de tout avoir à portée de main. Vous en ressentirez non seulement du plaisir mais vous gagnerez un temps précieux. Votre dos, lui aussi, vous remerciera. N'hésitez pas à suspendre le plus de choses possible : la petite vaisselle à anses sous une étagère ou bien un égouttoir mural pour les assiettes qui, comme chez les Anglo-Saxons, servira aussi de rangement pour celles-ci. Pour que votre cuisine soit quand même « invitante et agréable », veillez seulement à n'y utiliser que des ustensiles aux matériaux se mariant bien (chrome, acier, bois). Il va de soi que tout ce qui est en plastique est à éviter. Tout suspendre offre également l'avantage de garder son plan de travail dégagé, aubaine bien appréciable lorsque l'on revient de courses, les bras chargés de sacs ou que l'on veut poser quelque part un plat brûlant sortant du four ! La cuisine est donc l'un des endroits de la maison les plus propices aux crochets, aux tringles et aux rails. Un évier et un coin cuisinière autour desquels tout est accroché est tellement plus naturel et chaleureux qu'une cuisine où rien ne traîne, comme dans un laboratoire d'hôpital ! De même qu'une chambre doit donner envie de dormir, une cuisine doit donner avant tout l'envie de cuisiner.

Suggestions de rangement pour la cuisine

Une casserole, une poêle, un couvercle (combien de dizaines de fois utilisez-vous ces braves petits serviteurs en une semaine, une année, une vie ?). Ne voyageant en général que de la cuisinière à l'évier, c'est là qu'ils devraient « résider ». Utiliser une poêle, la laver et l'essuyer avant de la remettre sur son clou (elle finira de sécher toute seule) prend tellement moins de temps que de la mettre au lave-vaisselle, attendre la fin du programme, la sortir et enfin la ranger dans le fond d'un placard ! En règle générale, tout ce qui est utilisé régulièrement (planche à découper, passoire, bol mélangeur, épluche-légumes, spatules, pinces à cuisiner) devrait avoir sa place près de... son lieu d'usage. Pour cela il vous suffit de fixer :

• Un câble en métal sur un mur, près des casseroles et des poêles, pour les couvercles, comme dans les cuisines de restaurant (si vous tenez à ce qu'ils restent hors de vue, vous pouvez fixer une petite barre à l'intérieur d'une porte de placard).

• Un long rail magnétique non seulement pour les couteaux, mais pour tous les petits objets en métal (ouvre-bouteilles, pinces de cuisson, mini passoire…).

• Une barre murale triple pour les torchons.

• Des casiers accrochés sur un rail, pour les bouteilles de produit à vaisselle, les brosses et les éponges afin qu'elles aient leur endroit bien à elles pour sécher et ne traînent plus sur le rebord d'un évier, comme des malheureuses.

• Des crochets pour les mugs et tasses à anses sous une étagère.

• Deux crochets à l'intérieur d'une porte de placard sous l'évier pour une poubelle carrée (à couvercle) et amovible (pour être lavée et désinfectée). Le sol de la cuisine restera ainsi dégagé et facile à nettoyer. C'est l'endroit de la maison qui nécessite le plus de propreté.

• Des patères à l'intérieur des grandes portes de placard de la cuisine, si vous avez la chance d'en avoir, pour une table à repasser, un escabeau, un tissu épais sur lequel vous aurez cousu des poches pour vos livres de cuisine, votre nécessaire à couture ou le fer à repasser, etc. Ces intérieurs de portes sont l'endroit idéal pour accrocher tout ce qui est plat (balai, plateaux, ainsi que de petits casiers pour le papier d'aluminium, le papier film, les sacs de congélation). Accrochez autant de choses que possible à l'intérieur de vos portes de placard quitte à perdre de la place en profondeur : de toute façon les choses placées au fond d'un placard sont difficiles d'accès. Inspirez-vous des portes de réfrigérateur.

• Un petit casier et des crochets aimantés sur la porte de votre réfrigérateur pour le courrier, les élastiques, un bloc mémo « courses », une recette découpée dans un magazine.

**Crochets, patères
et tringles dans la salle de bains**

Plus les patères, les crochets et les barres sont nombreux dans une salle de bains, plus celle-ci est fonctionnelle. L'intérieur de la porte est l'endroit où les robes de chambre et les pyjamas trouveront le plus naturellement leur place. Dans l'absolu, l'idéal serait d'avoir autant de patères (ou de doubles-patères) que d'occupants et chacun aurait sa propre couleur pour ce qui lui appartient (serviettes, peignoir, gants). Mais attention, une fois de plus, à l'encombrement visuel : ces couleurs devraient avoir une unité. Des tons pastel, par exemple. Ou des dégradés dans les mêmes tons (violet pour le père, bleu foncé pour le fils, fuchsia pour la mère, rose tendre pour la fille).

Suggestions de rangement pour la salle de bains

• Un portant au mur (ou, mieux, un grand radiateur mural) pour faire sécher sous-vêtements, serviettes, gants mouillés.

• Au-dessus du lavabo, un porte-gobelet par habitant avec sa brosse à dents et son dentifrice.

• Pour les produits de toilette et de maquillage, si vous ne disposez que d'un minuscule espace, le vide-poche mural fixé au mur par un crochet sera parfait.

Crochets, patères et tringles dans la chambre

Suggestions de rangement dans une chambre à coucher

• Si vous manquez de rangements dans une chambre, une simple tringle fixée sous une étagère en hauteur dissimulée par un rideau constituera à moindres frais un rangement minimaliste mais efficace. Vous pourrez y accrocher un casier à compartiments verticaux en tissu, retenu par un cintre.

• Une barre murale, comme celles des studios de danse. Elle peut faire office de rangement pour déposer ses vêtements le soir ou accrocher sacs, foulards et petites pochettes… Une telle barre est aussi très utile pour les personnes âgées craignant de tomber et qui auront ainsiw un point d'appui pour se déplacer.

• Au dos d'une chaise, un crochet : chaque écolier japonais a, au dos de sa chaise de bureau, dans sa chambre, un crochet pour son sac de classe et sa casquette ; à l'école, c'est sur le côté de sa table qu'est fixé ce crochet. Il n'a donc pas à se pencher pour saisir ce qui est dans son sac.

• Comme dans les restaurants chics anglosaxons, un crochet pour le sac sur le rebord extérieur d'un fauteuil. Astucieux pour toujours avoir, près de soi, lunettes, mouchoir, stylo, portable, etc.

Crochets, patères
et tringles dans les espaces morts

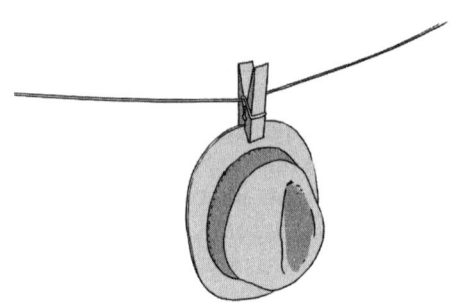

Un espace mort, ce n'est pas seulement le fond d'un cabinet de toilette ou un renfoncement sous un escalier. Ce peut être aussi un long couloir, le dos d'une chaise, le dessous d'un lit ou même un mur vide.

Suggestions de rangement
pour les espaces morts

• Sur un mur vide, des pinces à linge sur une ficelle munies de crochets pour une collection de chapeaux, casquettes...

• Sur des tuyaux de plomberie, des bouteilles de produits d'entretien avec l'embout à spray en pistolet (forme sophistiquée du crochet !).

• Sur les côtés de la machine à laver le linge, des tringles à ventouses pour le sèche-linge pliant, le tapis de bain et même un gros crochet aimanté pour un petit aspirateur.

• Sur les portes intérieures d'un placard, des crochets pour les rallonges des prises électriques qui envahissent nos vies. Elles sont ainsi très faciles d'accès.

ÉTAGÈRES ET PLACARDS

« Le bonheur, c'est continuer à
désirer ce que l'on possède. »

Saint Augustin

Meubles menuisés
ou placards sur mesure ?

Il est de nos jours non seulement difficile de
trouver un menuisier, mais lui passer commande
est parfois assez onéreux. L'étagère, consolons-
nous, est le plus primitif et le plus économique
des meubles de rangement. Elle est, avec le casier
et le crochet, l'élément de rangement le plus
basique et pratique. Quelle que soit l'étroitesse
d'un lieu, elle permet de ruser (cachée par un
grand rideau) et rendre ainsi n'importe quel
endroit confortable et ordonné. Lorsque tout est
hors de vue et parfaitement accessible (vêtements,
chaussures, objets, livres), la vacuité visuelle du

lieu occupé permet de savourer l'art de ne rien faire sans culpabiliser.

**Quelques suggestions
d'organisation grâce aux étagères**

• Deux pans de mur de part et d'autre d'une cheminée peuvent se convertir en un immense espace de rangement pour les vêtements, les livres, l'aspirateur, les valises... Il suffit pour cela de planches, de tasseaux et d'un rideau. Une de mes amies, Marie-Paule, a ainsi utilisé tout l'espace d'un mur à l'autre de sa chambre autour de sa belle cheminée ancienne (où elle se fait du feu l'hiver) pour ranger ses affaires sans s'encombrer d'armoires, de commodes et autres meubles, si ce n'est son lit, une table de nuit et un petit coin bureau. Elle a caché cet immense placard fourre-tout par deux beaux rideaux blancs fixés avec de la ruflette fine pour éviter les trop gros volumes de tissu. Son élégant miroir baroque doré à l'or fin, au-dessus de la cheminée, est ainsi magnifiquement mis en valeur.

• Un dressing improvisé : si vous n'avez ni la place ni les moyens de vous offrir un dressing sur mesure, créez-le ! Il vous suffit pour cela de fixer un grand panneau en contreplaqué avec une ouverture de chaque côté, derrière la tête de votre lit au milieu de la chambre. Ce panneau vous permettra de mettre hors de vue lorsque vous êtes dans la chambre portants à vêtements et étagères en kit. Ce dressing improvisé, même minuscule, peut devenir une véritable petite pièce miniature. Aménagez-le avec autant d'amour et de minutie que possible (un fauteuil, un lampadaire et un petit guéridon ?). Il deviendra l'antre de vos folies vestimentaires et comme votre petit boudoir.

• Les étagères compartimentées pour les vêtements : plus les casiers et les étagères sont nombreux, plus le rangement est aisé. Il est facile de créer, à partir d'une ou deux étagères, des compartiments afin de ranger ses vêtements en piles régulières (pulls, tee-shirts, chemisiers, jeans et tout ce qui peut être plié) en compartimentant celles-ci avec des casiers posés en hauteur et non couchés.

• De simples étagères à 20 cm sous le plafond, au-dessus d'un lit : cette même amie, Marie-Paule, a installé, en guise de rangement pour ses livres, des casiers en chêne brut, plaqués les uns aux autres, de part et d'autre, tout le long de l'angle entre le mur et le plafond surplombant son grand lit. Cet aménagement lui procure, dit-elle, une sorte de petit toit sécurisant qui laisse le reste des murs vides et apaisants pour le repos. « Et puis, ajoute-t-elle, j'aime me sentir entourée de mes auteurs favoris pendant mon sommeil. » On peut ajouter l'idée d'une astuce très utilisée au Japon : les placards suspendus au plafond pour les objets utilisés peu fréquemment (couvertures, valises).

• Les livres, encore les livres… Une autre cachette pour ceux-ci (du moins pour les livres de poche) est… derrière des doubles-rideaux. Faites courir pour cela la tringle de vos doubles-rideaux non pas d'un bout à l'autre de la fenêtre, mais d'un pan de mur à l'autre. Une tringle fixée à 12 cm du mur abritera ainsi des étagères du sol au plafond bien utiles pour les boulimiques de lecture, de CD, de DVD ou même de chaussures – à conserver dans leurs boîtes.

• Des casiers-étagères d'un mètre de hauteur environ, dos contre dos pour créer deux espaces individuels dans une chambre occupée par deux enfants. Chacun pourra alors avoir son coin à lui, des casiers pour ses vêtements, ses livres, ses jouets… Vous pouvez même demander à chacun de faire la liste du contenu de ses casiers ou de dessiner ce qu'ils renferment et de le coller sur la face apparente. Cela lui apprendra l'art du rangement et l'importance de prendre soin de ce qui est à soi. Et puis, fini les disputes ! Ce même type d'étagères (plus hautes) peut également servir de partition entre l'espace détente et l'espace repas dans une grande pièce unique.

• Des mini étagères : elles font à la fois office de rangement et de déco. Elles sont plus aériennes, légères et compactes qu'un meuble et faciles d'installation même dans les espaces les plus étroits. De l'étagère en angle pour un amplistéréo à la simple planche de parquet le long d'un couloir pour quelques cartes postales souvenirs, vide-poches… tout espace même très exigu peut être utilement exploité. Dans la cuisine, les petites étagères d'angle sont parfaites pour une mini-télévision, une radio, un gros pot de bonbons. Une étagère d'une quinzaine de centimètres de largeur, à 20 cm au-dessus du plan de travail, accueillera, quant à elle, petits robots de cuisine, grille-pain, boîte à pain… et permettra de garder dégagé le plan de travail. Dans la salle de bains, une petite tablette au-dessus du lavabo laissera celui-ci libre et donc plus facile d'entretien.

Quatrième partie

LA LOI DES MOUVEMENTS ET LA LOI DE PROXIMITÉ

LA LOI DES MOUVEMENTS

Fouillis et manque d'automatismes

Si certains ne sont pas dérangés (!) par leur fouillis, d'autres, au contraire, souhaiteraient vraiment rentrer chez eux le soir, après une dure journée de travail, et trouver un appartement net, en ordre et dans lequel il n'y a rien à faire, si ce n'est savourer enfin le repos et le calme. Ils rêveraient qu'une fée soit passée lors de leur absence et que, d'un coup de baguette, elle ait tout remis en place. Car ils sont tellement fatigués, chaque soir, qu'ils n'ont ni le temps ni le courage de ranger ce fouillis qui, jour après jour, s'accumule inexorablement. Mais comment font les autres, se demandent-ils donc... Ils ne réalisent pas qu'ils n'ont, tout simplement, pas encore trouvé le bon système qui leur permette de remettre chaque chose à sa place sans effort. Même si leur mental a la capacité de leur faire comprendre que ne pas remettre les choses à leur place après usage mène au désordre, leur corps, lui, n'a pas encore assimilé certains automatismes parce qu'il n'a pas encore expérimenté effectivement que le fouillis engendre stress, fatigue et double-travail. Si ces constatations avaient été vécues par le corps lui-même, ce dernier agirait aussi naturellement pour ranger que pour nouer son écharpe afin qu'elle ne glisse plus.

Qu'est-ce que la loi des mouvements ?

La loi des mouvements, c'est l'étude du rapport entre le geste et un objet afin que celui-ci soit utilisé avec le plus d'aisance et de confort possible. Avant de décider de l'endroit où vous allez placer une chose sur une étagère, demandez-vous quels mouvements vous allez devoir exécuter. Repassez en mémoire la position dans laquelle vous faites la cuisine, celle dans laquelle vous vous maquillez ou vous ressortez du panier votre linge pour l'étendre. Ces mouvements sont-ils souples, fluides ? Ou bien désagréables, pénibles ? À quels obstacles vous heurtez-vous ? Quels efforts avez-vous à fournir ?

Lorsque vous lâchez votre brosse à dents dans son verre, il ne vous faut exécuter qu'un seul mouvement. Mais combien vous faut-il en exécuter pour saisir un plat à gâteaux situé en hauteur, sous une pile d'autres plats ? Il vous faudra même peut-être prendre l'escabeau, l'ouvrir, le sécuriser, puis déplacer les trois premiers plats sans tomber avant de pouvoir saisir le plat dont vous avez besoin. Il vous faudra ensuite remettre les trois autres plats à leur place puis ranger l'escabeau. Et refaire la même chose lorsque vous voudrez ranger ce plat qui restera peut-être quelques jours en attente avant de retrouver sa place. Un rangement ergonomique, lui, n'engendre pas de telles complications. Il permet de retirer ce plat d'une seule main, en un seul geste, puis de le remettre à sa place aussi facilement.

Quelques rappels d'ergonomie dans la loi des mouvements

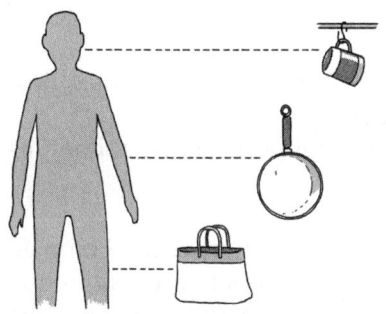

Trouver l'emplacement exact pour un objet et organiser cet espace de manière à rationaliser au maximum ses mouvements est ce qui permet d'épargner au corps le maximum de tensions possible. C'est étudier avec vigilance les sensations éprouvées lors d'un geste effectué pour ranger ou sortir un objet. Bien pensé, ce geste vous évitera de nombreuses tensions. Négligé, il vous volera un peu de votre ki à chaque utilisation. C'est ce que l'on appelle l'ergonomie, science dont les notions ne sont souvent prises en compte que dans le monde de l'industrie. La plupart des personnes ayant à se pencher pour dénicher une poêle dans le bas d'un placard ne réfléchissent pas en termes d'ergonomie. La fatigue et les tensions s'installent alors dans leur corps, jour après jour, année après année. Et un beau jour, elles finissent par souffrir de sciatiques, de hernies discales ou de tendinites. Tout cela expliqué ainsi semble évident mais combien de fois faisons-nous chaque jour des gestes pénibles ? Seul un rangement étudié permet de rendre tout objet facilement repérable et préhensible. Mais pour cela, il faut prendre en considération deux facteurs :

• l'autre par rapport à l'objet (les zones de profondeur) ;
• l'un par rapport à la personne (les zones de hauteur).

Il faut également repenser l'emplacement de chaque objet en fonction de sa fréquence d'utilisation ainsi qu'en fonction de sa taille et de son volume. Rangement et classement n'ont leur raison d'être que si nulle dérogation n'est faite à ces principes.

Les zones de profondeur

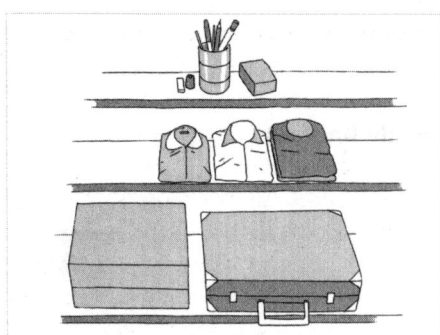

Si, dans un placard, les divisions en hauteur et en largeur peuvent être facilement réparties grâce à des cloisons ou des coffrages intérieurs, les zones de profondeur, elles, deviennent, lorsqu'elles sont inadaptées à la taille des objets à ranger, l'un des pires ennemis de l'ordre. Chaque objet devrait donc être placé sur un support mesurant exactement sa taille en profondeur afin d'éviter les doubles piles (celles de derrière étant cachées, on finit par en oublier la nature ou le contenu). Voici quelques cotes de profondeurs normalement souhaitables par type d'objet :

• livres, verrerie, argenterie, services à thé et café… : 15 cm ;
• linge de corps, vaisselle, beaux livres… : 25 cm ;
• dossiers, classeurs, chemises d'homme, souliers… : 35 cm ;

• gros linge de maison, couvertures, valises, grandes pièces de vaisselle et tous rangements suspendus : 45 cm ;

• penderie : 60 cm.

Les zones de hauteur

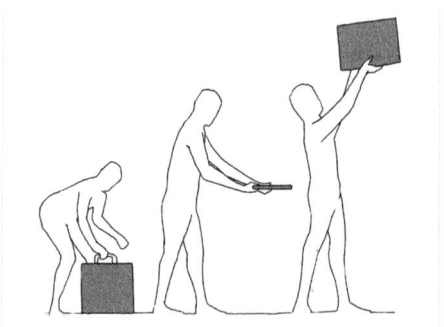

Si un objet n'est pas en relation avec ces profondeurs, sa facilité de vision et de préhension en pâtiront. Il importe en effet, pour la rapidité du geste, de pouvoir simultanément voir l'objet et le saisir, ce qui est impossible lorsque deux rangées d'objets sont placées l'une devant l'autre. Il faut, de plus, que ces zones de profondeur soient situées dans les zones de hauteur adéquates. Ce qui signifie que :

• le rangement le plus efficace et le plus rapide pour la vue et la manipulation d'un objet se situe entre 0,80 m et 1,80 m ;

• le rangement le moins aisé – résultant d'une visibilité restreinte – se situe pour tout ce qui se trouve plus bas que 0,50 m ;

• de 0,50 m à 0,80 m, le rangement n'offre qu'une vision incertaine ;

• au-delà de 1,80 m, la visibilité est restreinte, la préhension peu aisée et l'usage d'une chaise ou d'un escabeau nécessaire (dangereux).

Zones de hauteur en fonction de la fréquence ou de la rareté d'utilisation

Il faut d'abord, au départ de tout essai de rangement ergonomique, sélectionner les objets selon leur fréquence d'utilisation dans le temps afin de les placer dans l'une des trois zones de rangement de hauteur appropriée :

À placer dans la zone de 0,80 m et 1,80 m

• Les objets utilisés chaque jour une ou plusieurs fois (linge, vêtements, vaisselle, etc.), ou utilisés de manière permanente tout au long de l'année à intervalles réguliers (produits d'entretien, linge, etc.). C'est dans cette zone que l'on accrochera également les vêtements mais ce, le plus haut possible (il est plus facile de tendre le bras pour accrocher un cintre que pour retirer un pull de sa pile). Les tiroirs de rangement, quant à eux, seront donc placés sous les vêtements accrochés.

• Dans la cuisine : c'est à la hauteur de votre plan de travail, de votre évier et de votre cuisinière que vous accomplissez le plus de gestes. Il est donc bon de faire en sorte de tout avoir sous la main sans avoir à bouger de cet endroit. Si vous avez des tiroirs dans cette zone, vous mettrez les choses les plus utilisées dans le tiroir supérieur. Et à l'intérieur même de ce tiroir, les choses les plus utilisées dans la moitié avant.

À placer dans la zone entre 0,50 m et 0,80 m

• Dans la cuisine : pour ceux qui possèdent un lave-vaisselle, la vaisselle devrait être rangée dans un placard à la même hauteur que le lave-vaisselle, afin d'éviter de se pencher de haut en bas pour le vider.

À placer dans la zone comprise entre le sol et 0,50 m

• C'est l'endroit où tout est difficile à voir et à atteindre ; à moins de se mettre à quatre pattes, impossible de voir ce qui s'y trouve et difficile de l'en retirer. Gare aux coups, aux étirements et aux lumbagos… On peut donc y placer des choses lourdes et peu souvent utilisées (réserves de nourriture, ustensiles de cuisine à usage occasionnel).

Dans l'armoire à vêtements : bottes, gros sacs. Un gros casier à roulettes est recommandé dans cette zone.

À placer dans la zone située au-delà de 1,80 m

• Une attention particulière doit être portée aux étagères les plus hautes : ce sont celles où la visibilité est inexistante et la préhension pénible sinon dangereuse (recours à un escabeau, une chaise). L'étagère la plus haute ne doit donc abriter que des choses dont on se sert très rarement et peu lourdes. S'il s'agit de couettes par exemple, une grande housse de la dimension de l'espace disponible les protégera mais aussi renverra une vision plus nette. Prenez soin, même si cela vous paraît (sur le moment !) superflu, d'en étiqueter le contenu (couleur, dimensions). C'est également l'endroit où ranger les objets de saison (équipements de sport pour l'hiver, pour l'été...), ou utilisés en des circonstances espacées dans le temps (matériel de voyage), ou bien encore temporairement inutilisés (archives de toutes natures, réserves de linge, réserves de matériel divers). Seuls les objets les plus lourds seront à placer au niveau le plus bas des étagères.

Que faire si un placard est trop profond ?

Certains dispositifs sont possibles. Par exemple l'astuce de boîtiers fixés sur l'intérieur de la porte de ce placard, comme dans les réfrigérateurs. Au lieu de faire deux piles sur une étagère, laissez l'espace qu'occupe la pile du devant dégagé et fixez, sur la porte intérieure, à même hauteur, de petits casiers légers. Vous pouvez aussi ranger vos effets personnels dans de hautes boîtes sans couvercle, légères et bien étiquetées que vous déplacerez en rotation d'avant en arrière et de gauche à droite pour tirer à vous celle dont vous avez besoin.

Rangement du réfrigérateur et du congélateur

Porte et milieu du réfrigérateur sont pour les produits les plus utilisés. Haut et bas pour les autres. Si votre congélateur dispose d'une quantité importante de tiroirs ou d'étagères, prenez l'habitude de ranger les congélations par catégories, comme dans le déroulement d'un menu. Par exemple, placez en haut ce qui se sert pour les entrées, puis, plus bas les plats principaux, dessous les légumes, les pâtes ou le riz, et enfin, tout en bas, les desserts et le pain.

LA LOI DE PROXIMITÉ

« Peu de choses, mais toutes
élues dans leur pouvoir de disparaître à l'usage, peu de choses,
mais à leur place dans un espace
nu. »

Werner LAMBERSY,
Maîtres et maisons de thé

Un bon rangement, rappelons-le, est impossible
sans aménagement adéquat, que ce soit l'acqui-
sition d'un meuble ou simplement l'installation
d'étagères, de tringles et de crochets. C'est donc
la première chose qu'il faut envisager si l'on veut
limiter les déplacements superflus, ne pas subir
le fouillis et avoir à portée de main tout ce qui
compte d'objets indispensables, à propos et au
moment voulu. Mais cela ne suffit pas. Il faut
aussi repenser sa façon de vivre, ses habitudes,
le confort tel qu'on le conçoit personnellement.
Pour cela, seul un « éclatement » du rangement

– c'est-à-dire sa répartition méditée dans chaque point de l'habitat, selon les nécessités de chacun et sa personnalité, permettra ce type de confort. Voilà une démarche importante qu'on ne peut faire à la légère.

Placez les objets là où vous les utilisez

Vous trouvez logique de ranger les couverts dans le tiroir de la cuisine ou la brosse à dents près du lavabo ? Vous obéissez alors à ce que l'on appelle, dans le langage du rangement, une loi : la loi de proximité. Mais cette loi, même si elle est évidente pour certaines choses, ne l'est pas toujours pour d'autres. Nous avons tellement d'idées reçues. C'est le cas, par exemple, des feutres des enfants qui ne dessinent que dans la cuisine mais que l'on s'obstine à leur faire remettre dans leur chambre ; ou celui du nécessaire à ongles rangé dans la salle de bains alors qu'on fait ses manucures en regardant la TV. Il ne suffit pas d'avoir les éléments de rangement parfaits. Encore faut-il se connaître et admettre ses petites manies, même si elles ne font pas partie de la « norme » ou sont différentes de ce qui nous a été appris.

Les zones

> « Chaque chose a une place,
> Tout objet a un usage
> Tout est là où il se doit. »
>
> Han Fei

Essayez de repasser en mémoire chacun des pas que vous faites dans une journée chez vous. Chacun d'entre eux est-il inévitable ? Est-il logique de se mettre en pyjama dans sa chambre puis d'aller dans la salle de bains porter ses vêtements dans le panier à linge sale ? Tout d'abord, recréez mentalement l'organisation idéale de votre ameublement. La plupart d'entre nous passons par exemple beaucoup de temps sur notre canapé devant la télévision et à table. C'est autour de ces deux meubles que le rangement devrait s'organiser. Un bon rangement nécessite donc l'installation de meubles ou d'éléments de rangement près des endroits où sont utilisés les objets. Les sous-vêtements, par exemple, devraient être rangés dans la salle de bains ou dans un placard à proximité et non dans la chambre à coucher. Pourquoi ne pas vous amuser à tester vos propres rangements et faire la liste, pendant quelques jours, de tous ces objets placés loin de l'endroit où ils sont utilisés puis l'endroit logique où ils devraient idéalement être entreposés ? Pensez à de nouveaux aménagements comme une petite commode sur le côté de votre canapé, une nouvelle étagère dans votre salle de bains...

La zone « entrée du logis »

C'est là que tout ce qui sort de la maison doit se trouver (courriers à poster, poubelles à jeter, choses à donner). Un grand meuble de rangement pour tout ce dont vous aurez besoin à l'extérieur (gants, chapeaux, mouchoirs, écharpes, parapluies, clés de voiture) ainsi qu'une étagère vide sans porte ni rideau, prête à recevoir les paquets lorsque vous rentrez chez vous, devraient donc être prévus à cet endroit. Et puis, oubliez les perroquets, ces porte-manteaux occupant beaucoup trop de place et donnant une apparence fouillis à l'entrée de la maison. D'après le feng shui, l'entrée de votre logis est « le reflet de votre vie » : et elle devrait donc être claire et accueillante. Préférez au perroquet un bon vieux meuble porte-manteau d'autrefois que les brocanteurs vendent aujourd'hui pour une bouchée de pain et qui, avec son miroir pour un dernier coup de peigne, ses patères pour les vêtements portés à l'extérieur, une veste en laine ou un châle, son porte-parapluie, son porte-chapeaux et son vide-poche, était si pratique et fonctionnel. Pourquoi, tout comme le secrétaire d'ailleurs, a-t-il disparu de nos intérieurs ? Même s'il n'est plus adapté au style contemporain, que de bons services il nous rendrait encore, caché derrière un beau rideau de soie grège ! Enfin, si vous n'avez vraiment pas la place pour un vrai porte-manteau, vous pouvez toujours accrocher, au dos de votre porte d'entrée, cachée par un rideau, quelques patères pour les vêtements, les sacs et les parapluies.

La zone « vie en société »

Cette zone devrait être uniquement réservée pour recevoir ses amis ou passer des moments de détente en famille, sans que l'intimité en souffre (tant de couples se disputent – ou même se séparent – parce qu'ils manquent d'un endroit à eux où ils peuvent être seuls). Tout être humain a besoin, de temps en temps, de solitude, d'un endroit à lui où il peut faire ce qu'il veut en toute liberté et sans être surveillé ou dérangé – courrier, méditation, sieste. C'est là qu'un grand meuble mural sera le bienvenu pour les loisirs et les réceptions : écran plat, musique, livres, rafraîchissements, services à boissons chaudes et froides pour les invités. Autrefois, les Japonais possédaient, dans leur salon, un meuble spécialement conçu à cet effet, le « *cha-dansu* » (« commode pour le thé »), dans lequel était rangé tout ce qui avait trait au thé (tasses, soucoupes, sucreries). Un thé pris pour le plaisir et non, comme celui de la théière dans la cuisine, pour satisfaire sa soif. Il est intéressant de constater comment cette distinction entre les besoins et les plaisirs se matérialisait par ce simple petit meuble, vestige d'une époque où plaisirs et devoirs alternaient mais ne fusionnaient pas. Une fois de plus, il est passionnant de constater à quel degré un intérieur, des meubles, des objets même « façonnent », bien plus que nous pouvons l'imaginer, nos comportements, nos habitudes et même nos vies ! Qui sait si nous n'enverrions pas plus de belles lettres dans lesquelles nous prendrions le temps de passer, à distance, en communion avec un ami, quelques instants, au calme, au lieu de ces rapides mails ou SMS au style elliptique, si nous avions à notre disposition un beau sous-main, un stylo-plume et notre propre papier à écrire monogrammé et un petit coin boudoir à nous ?

La zone « canapé »

Ne serait-il pas logique d'avoir, de part et d'autre de son canapé, deux mini-commodes en prolongation des accoudoirs et munies de tiroirs sur toute leur hauteur pour ranger ce que l'on utilise à cet endroit (livres en cours de lecture, matériel de couture, de manucure) ? L'espace sur le mur au dos du canapé, si celui-ci n'est pas au centre d'une pièce, pourrait être lui aussi utilement mis à profit pour poser manettes de télévision, écouteurs, cendrier, mug avec une simple planche de parquet d'une dizaine de centimètres de large et courant de tout son long. Enfin le dessous du canapé : pourquoi ne pas y glisser un ou deux grands plateaux profonds pour les journaux, les magazines, un ouvrage de broderie, un châle ?

La zone « table à manger »

Une table à manger, placée au milieu d'une pièce, « mange » beaucoup d'espace. Si elle est rectangulaire, vous pouvez plaquer un de ses côtés en largeur contre un mur et glisser dessous, contre le mur, un de ces meubles à classeurs que l'on utilise dans les bureaux d'entreprise. Il sera le bienvenu non seulement pour les sets de table, les serviettes, les bougies, la corbeille à pain mais aussi pour la papeterie, les carnets de comptes, un chéquier ou même votre trousse de maquillage (sans oublier un grand miroir pliant) si vous ne voulez pas squatter la salle de bains ou profiter d'une belle lumière.

Les intérieurs japonais (leurs habitants préférant recevoir à l'extérieur que chez eux) m'ont toujours semblé très « cosy », chaleureux et intimes. Mais ils paraissent souvent, de premier abord, assez désordonnés. Ce fouillis n'est cependant qu'apparent : chaque chose a sa place et chaque place sa chose. On observera souvent, dans la pièce principale, et ce, quelle qu'en soit la taille, la présence d'une immense table (haute ou basse) ; non pas que les Japonais soient de gros mangeurs, mais ils considèrent la table autant comme une zone pour se restaurer qu'un endroit autour duquel se reposer (leur table est d'ailleurs souvent complétée par de bons fauteuils rembourrés à accoudoirs et sur roulettes, ultra confortables). Mais ce qui choque un Occidental, au premier abord, c'est le bric-à-brac envahissant un bon quart de cette table : bouilloire électrique, plateau à boissons (café soluble, thé, tasses, théière, sucrier), pots à crayons (coupe-ongles, lime, éventail, ouvre-lettres), porte-lettres, boîtes remplies de reçus et factures, mouchoirs en papier, corbeille à snacks… Un tel spectacle est si loin de l'image des intérieurs zen que nous nous faisons de ce pays ! Mais chaque chose, sur cette table, est à sa place et à portée de main. Une fois assis, son propriétaire peut alors « souffler », se relaxer et ne plus avoir à bouger. Des centaines de kilomètres, ainsi que l'a démontré une étude japonaise, sont ainsi épargnés chaque année. Et comme me dit le menuisier travaillant à l'instant chez moi : « À quoi bon laver plusieurs fois par jour sa propre tasse à thé ? »

La zone « évier-cuisinière »

Que vous ayez une cuisine séparée ou une cuisine à l'américaine, le principe reste le même : pour vous éviter des pas inutiles, ayez tout sous la main. Dans la cuisine, afin de préparer les repas avec plaisir, veillez à vous éviter autant de contraintes que possible (ouverture et fermeture des placards, aller-retour d'un coin à l'autre) en regroupant tout ce dont vous avez besoin pour cuisiner autour d'un seul et même centre (planche à découper, couteau, bol mélangeur, égouttoir, spatules). L'égouttoir quant à lui (comme chez nos voisins les Anglais qui utilisent des égouttoirs muraux) devrait faire aussi office de rangement pour les assiettes, les tasses, les verres, les couverts du quotidien. Pourquoi les sortir et les rentrer deux, trois fois par jour ? Si votre tasse est toujours à portée de main, il suffira de la passer sous l'eau pour la réutiliser. Avec un bon aménagement de l'espace, vous devriez pouvoir préparer votre repas sans faire un seul pas. Seulement des rotations de droite à gauche.

Bien des personnes, encore de nos jours, pensent qu'elles doivent tout mettre hors de vue dans leur cuisine. Mais est-ce logique ?

Pourquoi a-t-on délaissé par exemple les séries de casseroles et de poêles accrochées sous une tablette murale et au-dessus de laquelle reposaient les pots de différentes tailles pour le sel, la farine, le café de nos grands-mères ? Cette mode n'était pas laide ; elle apportait, au contraire, une touche de sécurité et d'apaisement dans cet endroit le plus chaleureux de la maison. Malheureusement, de nos jours, avec toute la profusion de gadgets, matériaux et formes que l'on sait, nous ne nous contentons plus d'une seule série de casseroles et de deux ou trois poêles. Nous sommes constamment tentés par de nouvelles innovations en batterie de cuisine, censées nous faciliter la vie. Mais celles-ci finissent tellement par nous envahir que leur trouver une place devient un exploit (sans parler de leur profusion qui, en fin de compte, décourage de les utiliser). Résultat ? Nous nous précipitons sur le téléphone pour commander un plateau-repas.

La zone « réfrigérateur »

Nous l'avons dit et redit, la loi de proximité, c'est l'art de placer ensemble les objets utilisés ensemble. Prenons l'exemple du réfrigérateur. Bien des activités tournent autour de lui. Pour le remplir, d'abord. N'est-ce pas lui que nous inspectons avant d'aller faire des courses ? N'est-ce pas lui que nous ouvrons pour prendre ou conserver une cuisse de poulet ? Stocker la nourriture, faire les courses… Tout cela devrait donc s'organiser autour de ce dieu des temps modernes. Pourquoi ne pas fixer sur sa porte, à l'aide d'aimants, de crochets et de casiers aimantés, un mémo pour les courses, une recette à cuisiner, des sacs de congélation, un rouleau de papier film, de papier alu, un crochet à élastiques, le courrier à poster, un cutter pour ouvrir sacs et sachets..., bref, tout ce dont on a besoin en partant faire ses courses ou en en rentrant, en cuisinant ou en voulant prendre un en-cas ?

La zone « lave-linge »

L'un des endroits les plus intelligemment aménagés que j'aie visités était une petite salle de bains avec, attenant, un dressing-buanderie. S'habiller, se déshabiller sont des gestes généralement associés à ceux de la toilette du matin et du soir, au choix de son habillement et au tri de ses vêtements en fin de journée (lavage, rangement, pressing). La logique voudrait donc que tout soit concentré autour de cet espace : vêtements, linge, machine à laver et tout ce qui s'y rapporte (sacs à linge – l'un pour le blanc, l'autre pour la couleur –, séchoirs, poudres de lessive, cuvettes pour le trempage, casiers pour le petit linge et le linge de nuit). Si un tel aménagement vous est impossible, vous pouvez quand même apporter quelques améliorations en installant, entourant et surmontant votre lave-linge, un coin buanderie à l'aide de kits d'étagères et de tubes en acier pour disposer tout ce qui a trait à la lessive, aux stocks de produits d'hygiène et au linge : lessive, casiers de sous-vêtements et de linge de nuit, linge de toilette, colorants à cheveux, lingettes, bigoudis, séchoir à cheveux, mini-sèche-linge à crochet, cuvettes, produits de lessive, tapis de bain, etc.

La zone « intimité »
(chambre, bureau ou chambre-bureau)

Si l'on me demandait d'imaginer la chambre idéale, je répondrais ceci : une petite pièce avec un coin dressing et un coin bureau pour les activités en solitaire (rédaction du courrier, des carnets intimes, des comptes) et garder ce qui est privé hors de portée des enfants ou des regards indiscrets. Les hommes, dans un foyer, ont bien souvent leur coin à eux (si ce n'est une pièce entière) mais les femmes, elles, doivent encore souvent de nos jours se contenter d'un bout de table dans la cuisine. Une fois de plus, quel dommage que certains meubles d'autrefois si bien pensés et si pratiques soient aujourd'hui passés de mode ! Quoi de plus fonctionnel, compact, privé et ergonomique qu'un secrétaire ? Ce meuble merveilleux permettait jadis de préserver son intimité en y refermant (à clé) ses effets personnels les plus importants : bijoux, argent, documents, lettres intimes.

La zone « autour du lit »

> « Dans mon petit studio parisien, j'ai pas de table de nuit. En fait, tout l'appart peut être considéré comme une table de nuit, tout est à portée de main. Donc à proximité j'ai mes fringues, du fromage, un ordi, une montagne de cours…

Mais juste à côté de la tête de mon lit, par terre, il y a des mouchoirs, des boules Quies, de l'eau et le bouquin du moment. Que des trucs hyper girlies, quoi, des trucs qui empêchent de se réveiller tout énervée et toute desséchée !!! »

Une internaute

Cela est évident, un lit devrait être accompagné, pour chaque occupant, d'une table de nuit. Mais pourquoi ces dernières sont-elles si souvent minuscules ? Ne passe-t-on pas un tiers de sa vie dans son lit ? Ne garde-t-on pas, auprès de soi, la nuit, un verre ou une tasse, une bouteille thermos de boisson chaude (ou glacée), un mouchoir imbibé d'huile aromatique, un baume pour les lèvres, une huile sèche pour le corps, une crème pour les mains, une autre pour les pieds, un thermomètre électronique, quelques lingettes démaquillantes pour les soirs de grande flemme, quelques magazines, les livres en attente d'être lus, son cellulaire pour surfer sur le Net pendant que son vernis sèche, des chaussettes en pilou-pilou, un masque noir pour les yeux, un autre pour les paupières bouffies, quelques médicaments pour les maux de tête ou une allergie, un réveil (ou un radio-réveil), un livre de chevet, son journal intime ou son cahier de rêves, une lampe de chevet, un carnet à tout noter, une lampe de poche, ses lunettes, un peigne, un parfum, des mouchoirs en papier, sa montre, ses bijoux, un petit plateau pour les toasts du dimanche, et peut-être même les télécommandes de la télévision, de la stéréo, de rideaux électriques ou d'un plafonnier à intensité graduelle ? Une grande table de nuit n'est donc pas un luxe si l'on veut avoir à portée de main tout ce petit bric-à-brac et retrouver, le lendemain, ce qu'il faut remettre dans son sac à main avant de sortir (la table de nuit sert bien souvent, d'ailleurs, de vide-poche) ?

Et puis, au pied du lit, un coffre : c'est le meuble classique, par définition, pour ranger quelques couvertures nécessaires au milieu de la nuit, s'asseoir pour s'habiller ou se déshabiller, poser ses vêtements et empêcher la couette de glisser au sol.

Pour un bon rangement, de la visibilité !

Nous plaçons généralement dans le haut, au fond ou tout en bas de nos placards ce que nous n'utilisons que rarement (décorations de Noël, bougies d'anniversaire, boîtes à pique-nique). Mais nous souvenons-nous toujours de ce qui se trouve dans ces cartons ? Avant de vouloir saisir une chose, il faut tout d'abord la voir ! Trois conseils permettent d'obtenir cette visibilité :

- Le rangement à la verticale.
- La compartimentation.
- Un étiquetage précis.

Ranger à la verticale

Rangement à l'horizontale ou à la verticale ? Il semble qu'il y ait, dans ce domaine, deux types de personnalités : celles qui rangent à plat, en piles, et celles qui rangent « debout », à la verticale. Les champions de l'ordre font généralement partie de cette deuxième catégorie. Même leur ordinateur portable, une fois fermé, rejoint les rangs parmi les livres, sur leur éta-

gère ou leur rayon. Papier d'aluminium dans le bas d'un placard, serviettes de toilette dans un casier ou tee-shirts dans un tiroir, tout peut être rangé en hauteur. Non seulement cette méthode permet de retirer chaque chose sans déranger le reste mais cela aide aussi à discerner, d'un coup d'œil, ce qui se trouve dans un casier, un tiroir ou sur une étagère. À ce propos, j'ai failli hurler d'horreur lorsque j'ai vu, dans la cuisine d'une amie, une sorte de petit seau en bambou tressé, assez volumineux, rempli d'ustensiles de cuisine, sur le comptoir de sa cuisine. Mais lorsque cette amie me fit remarquer qu'elle y rangeait même son mixeur-plongeur et sa passoire pour égoutter les pâtes, j'ai tout de suite compris l'efficacité de son système de rangement. Dire que moi, jusqu'alors, je m'étais évertuée à replacer, après chaque utilisation, dans sa boîte, elle-même rangée dans son placard, mon mixeur à main ! Cette amie se fait d'excellentes soupes chaque jour. Et ce, sans avoir à ouvrir un seul tiroir : je commence enfin à comprendre pourquoi !

Compartimenter

Il est intéressant de constater que c'est en rendant visite à ses amis, chez eux, que nous puisons, pour le rangement, le plus d'inspiration et de bonnes idées. C'est ainsi que j'ai pu admirer (puis imiter), chez une autre amie, la façon parfaite de remplir un tiroir. Lorsqu'elle ouvrit celui d'un minuscule semainier haut et étroit de son salon, j'y découvris, avec ravissement, la façon impeccable dont elle y rangeait une multitude de petites choses : toutes parfaitement debout et droites. Que de visibilité, que de clarté dans ce tiroir apparemment si petit ! Pour maintenir bien droites ses petites choses, mon amie s'était créé un véritable micro système de compartiments avec une minutie très féminine et méticuleuse : petites boîtes carrées vides de cartes de visite, de carton, de plastique. Elle avait ainsi, visibles et sous la main, gomme, agrafeuse, taille-crayons, cartes de crédit ou de fidélité peu utilisées, mètre à mesurer, trombones, clés, colle, coupe-ongles, rouleau de Scotch, mini-sacs à zip pour ses boucles d'oreilles lorsqu'elle va à la piscine ou en voyage, boîtes de médicaments du quotidien. Et pourtant ce petit tiroir mesurait tout au plus 6 ou 7 cm de profondeur !

Un tel système de rangement est possible dans chacun de nos tiroirs, de nos casiers, de nos placards. Surtout pour de petits objets aux formes « juste pas possibles » (ouvre-boîte, ouvre-bouteille, casse-noix, etc.) qui, s'ils ne sont pas placés dans des compartiments individuels, créent, au quotidien, le plus joyeux mais certainement le plus déplaisant de tous les fouillis.

Étiqueter

« Recettes italiennes », « Recettes de sauces », « Factures d'électricité », « Factures de gaz »… Les étiquettes, cela a l'air bête mais c'est fou ce qu'elles peuvent faciliter la vie, surtout lorsque notre pauvre cerveau est constamment sollicité par mille et une choses. De plus, elles rassurent et mettent fin aux éternels « Mais où est-ce que j'ai bien pu mettre cela ? ». Une main tenant trois paires de chaussettes appartenant à Paul ira d'elle-même, d'un geste machinal, placer ces chaussettes dans le casier étiqueté « Chaussettes de Paul » alors que la tête de cette personne, elle, est accaparée par une conversation téléphonique, l'écouteur dans l'autre main. La main tenant les chaussettes agira d'elle-même et ce, parce que la boîte à chaussettes de Paul porte l'étiquette « Chaussettes de Paul ».

De plus, étiqueter avec humour, élégance ou classe peut devenir un art : qu'il s'agisse de tiroirs, de bocaux ou de classeurs, la dénomination attribuée à un contenant peut apporter du sel et du piquant à la vie. On sait qu'il suffit de donner un nom attrayant à une chose pour la rendre précieuse. Un chef cuisinier peut, sans avoir changé quoi que ce soit à une recette ni même à sa présentation, en voir les commandes doubler s'il en a changé le nom pour un intitulé plus exotique, romantique ou sophistiqué.

Les bons outils d'étiquetage...

Vous n'êtes pas obligé de donner seulement des noms au contenant de vos boîtes et tiroirs. Vous pouvez aussi y coller des photos, des rubans... Si vous préférez un étiquetage net et définitif, offrez-vous une machine à étiqueter (sucre, farine, café). Pour les étiquetages provisoires (type et date de congélation de nourriture, objets en attente), faites comme les Japonais qui ne peuvent, ces dernières années, se passer d'un petit gadget tout simple : l'adhésif de masquage utilisé par les peintres en bâtiment pour le rebord des fenêtres. Cet adhésif se déchire à la main, ne laisse pas de trace, permet d'être marqué au stylo ou au feutre, fixe une photo, une facture au mur ou sur un tableau et ne coûte que très peu. Je l'utilise également, personnellement, pour ma liste de courses collée dans mon portefeuille.

Vivre heureux en jouissant de ce qui n'est pas très pratique.

« Tu as des Kleenex ? Où est-ce que tu les as mis ?

— Une seconde, je te les apporte.

— Et puis, s'il n'y a pas non plus de télécommande, c'est qu'elle est aussi rangée dans ton placard ?

— Oui.

— Et même les ciseaux ?

— Oui.

— Et tu sors tout ça chaque fois que tu en as besoin ?

— Oui.

— Mais... tu ne trouves pas que c'est contraignant de toujours avoir à sortir quelque chose du placard quand on en a besoin ?

— Contraignant ? Pourquoi ?

— Eh bien, lorsqu'on sait qu'on utilise quelque chose très souvent, on le garde à portée de main, non ? C'est quand même plus simple !!! »

Mai YURURI,
Dans ma maison, il n'y a rien du tout

Faire de la décoration
à l'intérieur de ses placards

> « Je me moque à présent de la
> déco ! Je vais passer chaque chose
> au peigne fin et en réduire le plus
> grand nombre possible. Je vais tout
> simplifier à l'extrême. Rien ne doit
> désormais traîner en dehors de
> mes placards. Ce sera leur inté-
> rieur, ma déco ! »
>
> Une amie japonaise qui vit dans un
> intérieur absolument dépouillé et « zen »

Embellir l'intérieur de ses placards, c'est toujours et encore plus possible. Il suffit par exemple
d'enlever l'emballage des rouleaux de papier de toilette ou de changer les contenants de ses produits.

Une de mes amies me dit avoir retiré tous
les bibelots de son intérieur car cela facilite son
ménage. Et puis, avoue-t-elle, parce qu'elle n'est
pas douée pour la déco, comme celle qu'on peut
voir dans les magasins ou les magazines. En fin
de compte, me dit-elle, sans rien de posé ici et
là, c'est beaucoup plus joli. Si, dans les magasins, chaque petite chose paraît charmante, une
fois rapportée chez soi, elle perd tout son attrait.
En fait, décorer chez soi est très difficile. C'est
pourquoi elle a opté pour la déco « zéro » et,
pour compenser, a fait de l'intérieur de ses placards de magnifiques petits intérieurs, cachés des
regards curieux ou indiscrets, loin de la poussière
et de la lumière. Mais obtenir des rangements

aussi parfaits ne lui est pas venu du jour au lendemain, ajoute-t-elle. Il lui a fallu beaucoup de
patience. Voici enfin les résultats dont elle est
le plus fière :

- Un espace égal entre chaque chose.
- Une harmonie dans les couleurs (pour les
petites choses par exemple, elle ne choisit que
du blanc).
- Des rangées parfaitement perpendiculaires.
- Des contenants assortis dans lesquels ont été
transvasés ses produits de beauté, d'entretien (des
pots de verre étiquetés pour ses poudres à lessive,
ses petits morceaux d'éponges à récurer...).
- Des choses parfaitement alignées, pliées.

Ouvrir ses placards sur une telle perfection
lui apporte toujours la même émotion de joie et
de satisfaction, commente-t-elle. Elle ne pourrait
plus, renchérit-elle, se passer de cette habitude
qui est devenue un besoin. Comme je la com-
prends ! L'intérieur idéal est pour moi un beau
salon vide à la moquette super moelleuse, aux
lourds rideaux doublés et dans lequel ne sont
présents qu'un bon gros canapé, une petite table
basse et un écran plat. Avec tout le reste (le minimum, bien sûr), dans des placards.

Si ce mode de vie vous paraît un peu trop
extrême, voici cependant quelques suggestions
pour embellir l'intérieur de vos placards :

- Les faire repeindre.
- Y installer des lumières.

- Tapisser leurs tablettes, leur sol.
- Épingler ou coller des photos sur les portes intérieures.
- Mettre de jolies poignées à vos casiers.
- Laisser un espace entre chaque chose.

Accorder un soin tout particulier aux objets qui habituellement en reçoivent le moins : vous pouvez enlever l'emballage de vos rouleaux de papier de toilette et les entasser de jolie façon ; plier les chiffons comme des serviettes de toilette, plier en petits triangles les sacs de courses donnés dans les magasins et disposés en rangées dans un casier peu profond, etc.

Cinquième partie

TÂTONNEMENTS, AJUSTEMENTS ET FAMILLE

LES TÂTONNEMENTS
SONT DES AJUSTEMENTS

Accepter de ne pas atteindre
la perfection du premier coup

> « L'ordre : caractère créatif du rangement... »

> Pierre DEHAYE,
> *Naître est une longue patience*

Le rangement n'est pas chose facile. Des générations ont passé leur vie à chercher la meilleure ordonnance de leur intérieur. Ne dit-on pas d'ailleurs qu'il faut plusieurs années pour vraiment aménager un logis et s'y sentir parfaitement à l'aise ? En d'autres mots, réussir à faire de chacune de ses choses une parfaite colocataire ?

Trouver le rangement idéal ne se réalise pas de façon parfaite du jour au lendemain. Cela se fait par « paliers » successifs, par tâtonnements, au cours d'étapes échelonnées, dictées tant par les circonstances que par l'accroissement du budget ou les heureux hasards de la créativité. À moins de vivre avec vraiment très peu, aboutir à un intérieur dans lequel rien n'est laissé au hasard, dans lequel chaque chose a son utilité, son emplacement et sa raison d'être, à un endroit déterminé, où tout est facile d'utilisation, bref, où tout est simple, n'est pas aussi évident qu'il y paraît. Il aura fallu pour cela une immense somme de concentration sur chaque objet, sur chaque geste, sur chaque besoin. Même si l'art et la manière font du rangement une agréable expérience, il faut constater une fois de plus ceci : la simplicité n'est évidente qu'après maints tâtonnements, maintes erreurs et plusieurs concordances de circonstances sont dues parfois au hasard, parfois à la créativité. Vous dénicherez peut-être, un beau jour, au détour d'une brocante, un petit coffre assez solide pour être glissé dans un espace mort de votre intérieur que vous n'aviez jamais pensé à optimiser, et en faire, selon les circonstances ou les besoins, un meuble de rangement, un siège (en le recouvrant d'un joli coussin) ou, si vous y fixez des roulettes, une table d'appoint.

L'ordre parfait n'est pas poétique

Voici une histoire rapportée du zen : lorsque son disciple eut enfin fini de nettoyer le jardin, arraché la dernière mauvaise herbe, balayé les mousses, brossé les roches du petit bassin d'eau, son maître, Rikyû, le plus grand maître de thé du Japon, alors qu'il inspectait le travail de son disciple, se dirigea sans un mot vers un arbre dont il secoua quelques feuilles : « Voilà, maintenant, c'est parfait », déclara-t-il alors.

Sans rangement, le monde n'est, certes, pas viable. Mais un endroit rangé n'a pas nécessairement à ressembler à une cellule de moine. Un peu de fouillis « artistique » est la preuve de l'originalité et de la fantaisie de son propriétaire. Ranger, c'est en effet aussi embellir. Si le désordre est laid et stressant, le manque de souplesse et l'absence de fantaisie dans un intérieur le sont autant. Un intérieur trop rangé n'est ni chaleureux ni accueillant. L'avantage du vrai rangement (une place pour chaque chose et chaque chose à sa place) est qu'un « mini-fouillis » peut être éradiqué en quelques secondes. Il serait faux de confondre rangement et psychorigidité. Quelques journaux au sol, près de son canapé, ou un mug vide sur sa table de nuit… je n'appellerais pas cela du « fouillis ». Juste la preuve que votre vie est gaie, animée et confortable.

Créativité et hasards

L'un des plus grands plaisirs du rangement est peut-être celui des « hasards heureux » : trouver, sans y avoir pensé, l'emplacement parfait pour un objet. Lorsque de tels hasards surviennent, que de satisfaction ! Ils procurent alors une joie semblable à celle de trouver enfin la pièce manquante d'un puzzle. C'est du désordre, en effet, que peut parfois naître la créativité. Combien de chercheurs ayant laissé s'entasser livres et documents s'exclament soudain un jour : « Pourquoi n'y avais-je pas pensé avant ? » Ces « révélations » nous arrivent aussi parfois à propos de l'emplacement parfait pour un objet, un meuble. On sait alors, au fond de soi, que ce dernier a enfin trouvé sa place. Que plus jamais il n'en changera.

Ranger ? Pourquoi ?

> « Range ta chambre et tu rangeras ta tête. »
>
> La maman de mon éditrice

Ranger apporte, plus que toute autre chose (repos, gain de temps, d'espace…), un bien-être intérieur extraordinaire dont l'impact va au-delà des mots. C'est pour cela qu'il faut d'abord ranger pour soi. De plus, ranger chez soi, n'est-ce pas aussi ranger en soi ? Ce qui fatigue, c'est de toujours avoir des choses à faire, à trier, à chercher, à ranger. Lorsqu'il n'y a plus rien à ranger chez soi, on peut enfin « lâcher prise ». Faire de l'ordre chez soi, c'est faire de l'ordre en soi, dans sa tête et dans sa vie.

Tous ceux qui parlent des langues étrangères acquièrent, on le sait, une vision et une compréhension plus « larges » du monde. En japonais par exemple, de même que l'adjectif « *kirei* » indique indistinctement ce qui est beau et propre à la fois et « *kitanai* » quelque chose de vieux ou de sale, le verbe « *katazukeru* » signifie indifféremment « finir son travail » et « ranger » (un objet par exemple). Cela s'explique : ranger ses affaires après le travail ne fait-il pas partie du travail ? Et comment entreprendre une nouvelle tâche tant que la précédente n'a pas été « proprement » bouclée ? Quelle que soit votre fatigue, remettre votre bureau en ordre avant de le quitter vous allégera et c'est avec plus d'entrain que vous y retournerez le lendemain.

L'ordre au fil des années...

Maintes personnes âgées sont accoutumées, chez elles, à un certain ordre. Elles n'accepteraient pour rien au monde d'en changer, craignant d'être déstabilisées. Mais cela les empêche, malheureusement, de s'adapter aux changements de la vie. L'ordre de chaque chose ne devrait pas être permanent. Chacun a besoin, au fil du temps et des circonstances, de se réajuster selon ses besoins qui, eux, changent ! Si vous commencez à avoir des problèmes de genoux ou de dos, il est plus que jamais temps de ne plus avoir à grimper sur un tabouret pour sortir une couverture. Le moment est venu pour vous de réviser l'agencement de vos placards et de vous départir de tout ce que vous ne pouvez plus ni soulever ni retourner, ni déplacer (quitte, même, pour ne plus être attiré par ces espaces de rangement, à faire supprimer les étagères les plus hautes de vos placards). Peut-être même d'emménager dans un plus petit appartement (déménager est une excellente occasion pour se délester et ranger à nouveau !). Prendre de l'âge a pourtant des avantages : les besoins sont moindres, l'expérience a appris à faire la part des choses entre ce qui est utile et le reste, la sagesse et l'intelligence se sont affinées à force d'expérience. Pourquoi ne pas mettre à profit ce savoir longuement acquis en se refusant à toute souplesse, à tout changement ? Quel que soit l'âge, vivre, c'est aller de l'avant. C'est aussi accepter de ranger... son passé. Et reconnaître ses limites. L'important est de ne jamais abandonner l'idée d'accepter le changement (tant que l'on n'y est pas acculé) comme par exemple, emménager dans un plus petit appartement sans escaliers à monter et en essayant de ne pas trop s'attacher à ce qu'était sa vie d'« avant ». Tant que nous sommes vivants, il y a un « après ».

Grands et petits rangements

Faire « Le Grand Rangement » est une sorte de fête, de réjouissance. Cela ne signifie pas pour autant que vous n'aurez plus rien à ranger le restant de vos jours. Si ce grand rangement que nous venons d'évoquer peut radicalement changer votre vie, cela ne signifie pas que vous n'aurez plus jamais rien à faire chez vous. De petits rangements quotidiens, consistant à remettre chaque chose à sa place, seront eux aussi nécessaires si vous ne voulez pas que le désordre se réinstalle. Après un « grand rangement » cependant, les risques de rechute sont moins à craindre. De plus, l'ordre est contagieux. Ouvrir un tiroir parfaitement ordonné donne envie de ressentir la même satisfaction lorsqu'on ouvre ses autres tiroirs. Le plaisir (presque physique) ressenti à trouver sur-le-champ ce dont on a besoin est, pour ceux qui ont vécu dans le désordre pendant des années, une expérience tellement plaisante qu'ils auront, encore plus que les personnes naturellement ordonnées, l'envie presque viscérale de ne plus jamais revenir en arrière.

Enfin, si vous avez vraiment peur de retomber dans votre fouillis d'autrefois, c'est que vous n'avez pas encore totalement intégré certains automatismes. Un peu comme, lorsque vous appreniez à conduire, vous oubliiez de regarder dans votre rétroviseur avant de déboucher d'une place de parking. Le corps est un merveilleux instrument : il prend les habitudes qu'on lui donne.

Les gestes machinaux

Trouver l'emplacement juste pour un objet mais ne l'y remettre que de temps en temps prouve que vous n'avez pas encore acquis certains gestes machinaux. Le propre d'une personne rangée est en effet de replacer immédiatement après en avoir fait usage un objet à sa place. Une de mes tantes, dont l'appartement est toujours impeccable, m'explique : « Je n'ai jamais besoin de ranger car je ne dérange pas. » Lorsqu'elle prépare son café en poudre le matin, chacun de ses gestes s'enchaîne, l'un après l'autre, automatiquement : elle décroche la tasse du dessous de son étagère, la pose à côté de la casserole d'eau en train de bouillir, verse son café dans la tasse, remet celui-ci dans le placard, verse l'eau, pose la casserole sur l'égouttoir puis va dans son salon pour le boire paisiblement en regardant la télé. Une fois son café bu, elle se lève, rapporte la tasse à la cuisine, la lave et la met à sécher. Pour elle, regarder la télévision à cette heure de la journée n'est qu'une activité secondaire et ce qui prime à ce moment-là, c'est de boire son café. Elle n'a allumé la télévision que pour accompagner ce rituel. On pourrait, certes, qualifier de tels agissements de « machinaux », mais ce ne serait pas juste car leurs acteurs ont acquis un art de vivre à part entière : faire, de manière consciente, de chacune de leurs activités une priorité ; ces personnes savent « vivre » dans le présent. Vivre et « survivre » ne sont en effet pas la même chose. Survivre, c'est, dans un sens, subir la vie. Vivre, au contraire, c'est agir avec autant de conscience que possible, en accordant aux choses, petites comme grandes, l'attention qu'elles méritent. Un proverbe japonais dit que celui qui ne sait accorder de soin aux petites choses n'en accomplira jamais de grandes. Ranger n'est peut-être pas la priorité d'une vie pleine, mais c'est une des conditions pour réussir. A-t-on déjà entendu parler de grands hommes dans l'Histoire avec un bureau en désordre ?

21 jours pour acquérir de bonnes habitudes

« Une chose est sûre : je plie et aligne toujours bien en ordre. C'est peut-être ennuyeux mais je m'y tiens. Serviettes, sacs en plastique, tasses... c'est à toutes ces choses qu'on reconnaît la façon de vivre de quelqu'un. Je plie toujours tout avec soin ; je dispose toujours tout en ordre. C'est cela qui fait la différence. Chaque jour, après avoir fait briller l'évier, je replace, tournés dans le même sens, tous les becs verseurs de mes produits d'entretien. Je plie bien les rideaux. »

Mai Yururi,
Dans ma maison, il n'y a rien du tout

Les psychologues s'accordent à dire qu'il faut en moyenne 21 jours pour se défaire d'une habitude. Ceux qui veulent prendre de bonnes habitudes devront donc s'octroyer ce laps de temps minimum pour changer et définir avec précision les buts et les résultats qu'ils désirent obtenir (cesser de constamment chercher leurs clés, ne plus déclencher la fureur de leur compagne en laissant traîner leurs chaussettes n'importe où…). Bien plus de couples se séparent à cause du désordre incurable de l'un des deux qu'on le pense ! Mais s'ils veulent obtenir des résultats positifs, ils devront limiter le nombre de leurs buts, sur une période définie, à deux ou trois seulement.

Comment définir ces buts ? Demandez-vous d'abord ce qui vous stresse le plus dans votre désordre : ne pas trouver la télécommande au moment de regarder votre match de foot ? Chercher constamment vos lunettes ? Trouver un stylo qui écrit ? Ne pas savoir où poser votre manteau en rentrant chez vous ? Vous pouvez par exemple décider que vous accrocherez celui-ci sur un cintre immédiatement en rentrant au lieu de le jeter négligemment sur le canapé du salon. Si vous n'arrivez pas à faire de ce geste une habitude, demandez-vous pourquoi. Est-ce le fait d'avoir à faire l'effort d'ajuster ce pardessus sur un cintre ? Si cela est le cas (cela peut se comprendre, surtout si vous êtes éreinté après une journée de travail), vous devrez trouver une autre solution, comme fixer une patère dans votre entrée réservée à ce manteau. L'y accrocher sera alors plus simple et réclamera de vous moins d'efforts que d'avoir à prendre le cintre, y mettre votre pardessus puis l'accrocher. Le fixer à sa patère deviendra alors un geste machinal ne vous demandant aucun effort. Il est beaucoup plus facile d'agir lorsqu'on a des habitudes, lorsqu'on sait exactement où et comment ranger quoi. Le mental n'a plus à se fatiguer, anticiper, décider de ce que le corps doit faire. La vie devient plus simple !

KIMIKO ET SON PORTE-BAGAGES
D'HÔTELLERIE À DOMICILE

Kimiko, outre son intelligence, est dotée d'une autre forme de savoir que certains, par condescendance, décrivent comme « pratique » : le bon sens. Elle a fait fixer, au centre d'un des murs de son salon, un petit porte-bagages en acier comme on en trouve dans les hôtels pour les valises. Ainsi, lorsqu'elle rentre de son travail, le soir, elle sait exactement, sans avoir à réfléchir, où déposer, sans avoir à se baisser ni encombrer le dessus d'une chaise ou de son canapé, son gros sac de travail et son sac à main. Ensuite, dans la soirée, elle peut retirer de l'un de ses sacs son portable, un document ou ses lunettes, sans avoir à réfléchir. Faisant partie de ces personnes « pressées », elle ne s'accorde ni le droit au désordre ni celui aux efforts inutiles. Tout a été parfaitement pensé dans la gestion de son quotidien pour éviter le stress et la fatigue physique (avoir à se pencher au sol, soulever son sac, faire des pas inutiles pour y avoir accès…). Est-ce parce que Kimiko est organisée qu'elle est efficace ou est-elle efficace parce qu'elle est organisée ? Je ne saurais le dire mais la preuve est qu'elle réussit aussi bien dans sa vie professionnelle que dans sa vie privée. Et ce, toujours avec le sourire.

Et vous, avez-vous un endroit précis où poser votre sac le soir ? Un vide-poche pour vos clés ? Un emplacement pour vos lunettes ? En quoi l'ordre vous permet-il d'être plus productif, plus détendu, plus serein ?

Un dernier petit rite…

« Lily restait les yeux fermés, se contentant de ronronner. Il persévérait pourtant à la caresser sur le dos et, quand il eut retrouvé un peu de sérénité, observa l'intérieur de la chambre, ayant l'impression de reconnaître, dans les moindres détails, les manières de Shinako, si méticuleuse et nerveuse. Par exemple, elle ne manquait pas de tirer ainsi les rideaux, fût-ce pour une absence de deux ou trois minutes. Mieux encore, dans cette petite pièce de quatre tatamis et demi où se côtoyaient toutes sortes d'objets : coiffeuse, commode, nécessaire à couture, soucoupe du chat, litière, chacun avait sa place assignée selon un ordre immuable, impeccable, et lorsque Shôzô jeta un coup d'œil à l'intérieur du brasero, dans lequel était plantée une gâche, il vit que, par-dessus le charbon serré au fond, la cendre avait été balayée en laissant des lignes bien régulières ; même la bouilloire en émail posée sur le trépied étincelait de mille feux comme si elle venait d'être astiquée. »

Junichirô Tanizaki,
*Le Chat, son maître
et ses deux maîtresses*

J'ai autrefois lu dans un livre de feng shui que laisser derrière soi un logis en désordre, lorsqu'on sort, peut gâcher sa journée. Cela m'avait tellement impressionnée que j'ai toujours depuis vérifié que tout était parfaitement en ordre chez moi avant de sortir. J'imagine que la personne qui rentrera le soir dans cet appartement (moi) est une invitée spéciale et donc digne d'un appartement parfait, aussi propre et reposant qu'une élégante chambre d'hôtel. J'ai retrouvé plus tard, dans l'enseignement du zen, à travers la cérémonie du thé, le même principe. Une cérémonie du thé, ce n'est pas seulement préparer la pièce où se réuniront les invités ou mener la cérémonie sans encombre. C'est aussi faire en sorte de laisser une salle immaculée, non seulement de poussière mais de ki néfastes ou négatifs. C'est à cette condition que la cérémonie suivante pourra apporter à ses hôtes et à son maître tous les bienfaits du thé. Lorsque vous quittez votre intérieur, imaginez la personne qui y rentrera le soir, comme si elle était la star d'un film. Apprendre à « se poser à côté de soi » est une technique de visualisation très utile pour mieux s'aimer, se respecter et donc être heureux. Le monde extérieur est tellement plus supportable lorsqu'on sait qu'un monde de plénitude nous attend chez nous, le soir !

LE RANGEMENT ET LA FAMILLE

Comment vivre avec une famille qui ne range pas ?

Inutile de le préciser, si vous êtes la seule, chez vous, à vouloir ranger et jeter, vous vous sentirez isolée et sans appui. Car, entre ceux qui ne peuvent pas ranger et les amoureux de l'ordre, aucun entendement n'est possible. Le mur qui les sépare est trop épais. Vous, en rangeant, vous pensez agir pour leur bien. Eux, ils considèrent vos efforts comme une forme de harcèlement ; ils ne vous sont pas reconnaissants et tout finit par des disputes. Mais ne désespérez pas. Des solutions sont possibles.

Certes, le rangement ne dépend pas uniquement de soi lorsqu'on vit à plusieurs sous un même toit. Ce n'est pourtant pas une raison pour tout accepter. Vivre à plusieurs nécessite des règles. Si c'est votre conjoint(e) qui crée le désordre et que vous ne pouvez plus le supporter, une bonne discussion est essentielle. Car de l'ordre dépendent les liens d'un couple et son harmonie. Si c'est des enfants que les problèmes proviennent, c'est au conjoint et à vous de prendre des décisions. Un enfant n'est roi que si on le traite comme tel. C'est sur vous, et non sur l'enfant, que repose la bonne organisation de la vie en famille.

Un espace privé pour chacun

Le meilleur moyen pour que chacun, dans un foyer, respecte l'ordre est de lui attribuer un espace pour ses affaires personnelles. Les parties communes (le salon, les couloirs, la cuisine) ne devraient contenir aucun objet personnel. Elles devraient rester neutres. Votre conjoint(e) peut avoir un coin à lui (elle) dans la chambre pour ses affaires, les enfants, eux, n'utiliser que la leur pour leurs activités et possessions personnelles. Il est un point sur lequel vous devez rester ferme : que le salon ne devienne pas une salle de jeu ni un atelier de bricolage. Certes cette démarche entraîne des changements au sein d'un couple : certains le vivent bien et leur entente n'en devient que meilleure, d'autres se séparent. C'est à vous de décider du genre de vie que vous voulez mener. Si vos enfants sont encore jeunes, vous pouvez les autoriser à jouer dans le salon, mais à condition de ne pas y laisser traîner leurs jouets lorsqu'ils passent à table ou prennent leur bain. Pour cela, prévoyez un grand bac en plastique à roulettes dans lequel ils replaceront leurs jouets qu'ils rapporteront dans leur chambre. Vous pouvez les leur tendre en disant gentiment mais fermement : « Tu l'avais laissé traîner. Tiens, prends. ». Cela peut paraître dur mais si on n'impose pas des règles au sein d'une famille, celle-ci ne se souvient de rien.

Une petite liste des règles à faire respecter par chacun

C'est évident : moins il y a de choses dans une maison, moins il y a de bazar. Même si vous êtes le ou la seul(e) à ranger, vous pourrez ainsi le faire beaucoup plus facilement. Cela peut paraître bête, mais une petite liste affichée dans la cuisine par exemple peut avoir un impact étonnant. Par exemple :

• Chacun doit remettre chaque chose utilisée à sa place.
• Chacun doit garder ses affaires personnelles dans l'espace qui lui est réservé.
• Chacun doit laver et ranger ses couverts, son verre, etc. après les avoir utilisés.
• Petit calendrier hebdomadaire des tâches de chacun (mettre et débarrasser la table, faire la vaisselle, passer l'aspirateur…).

Il est également important de rappeler, à la fin de cette liste, que chacun peut faire ce qu'il veut dans son espace privé. Qu'il a le droit de le décorer comme il l'entend mais qu'il doit, en contrepartie, respecter les espaces communs. Après tout, même au sein d'une famille, chacun a ses propres goûts ; mais ce n'est pas une raison pour les imposer aux autres.

Des résultats magiques surviennent parfois...

« ... — Mais j'y crois pas... Tu es en train de ranger ?

— Eh bien oui, comme tu le vois. Je trouvais que ma chambre était un peu... en désordre. Le reste de la maison étant si net, cela m'a donné envie de ranger ma chambre. Et puis, maintenant que toutes mes affaires y sont rassemblées, cela m'est beaucoup plus facile. »

Mai Yururi,
Dans ma maison, il n'y a rien du tout

Établir un petit règlement chez soi peut rebuter certains : la vie à la maison n'est pas la caserne, pensent-ils. Ils ignorent pourtant que quelques règles de savoir-vivre, une fois instaurées et respectées, peuvent mener à d'agréables changements. Nous l'avons déjà dit, plus les membres d'une famille sont nombreux plus, en un temps record, les choses s'accumulent et le désordre s'installe. Si les objets exposés dans les espaces communs restent rares, chacun réalisera à quel point il est facile de retrouver les choses. De plus, si chacun n'a droit au fouillis que dans son espace privé, il comprendra cette logique : si l'on déteste ranger, la meilleure façon d'échapper à cette corvée est de posséder peu. Il finira alors par reconnaître les bienfaits et la valeur de l'ordre, de l'organisation et du rangement.

Un conjoint désordonné

Beaucoup d'hommes ne sont pas aussi sensibles à des piles de linge impeccables que les femmes. Ils aiment, en général, ce qui est pratique et d'accès pratique. Bon nombre d'entre eux (demandez-le-leur, vous verrez !) préfèrent de loin de grands bacs en plastique dans lesquels piocher leurs tee-shirts ou leurs sous-vêtements. Pourquoi les obliger à garder leur linge en piles qu'ils déferont d'un geste s'ils écoutent leur instinct, ou qu'ils s'efforceront de garder impeccables s'ils ne veulent pas blesser l'amour-propre de la personne qui les a si soigneusement pliées ? Chacun a sa personnalité, ses priorités et dans la mesure où ce qu'il fait ne dérange pas les autres, pourquoi vouloir lui imposer ses propres règles ? Comme dit le proverbe, la liberté des uns s'arrête là où commence celle des autres…

Si votre conjoint a tendance, comme les enfants ou les ados, à laisser de la vaisselle sale sur la table du salon après avoir mangé, prévoyez une corbeille ou un plateau qu'il ou elle devra utiliser pour rapporter à la cuisine ce qui doit être débarrassé. S'il déteste être ouvertement commandé, il sait pourtant parfaitement ce qui est pour vous légitime d'exiger de lui. Le lui demander naturellement, en assumant dans le ton de votre voix qu'il n'y a rien de plus normal, le fera s'exécuter bien mieux que si cela ressemblait à une faveur. Comme chacun le sait, pour que la vie en communauté (même à deux seulement) se déroule dans l'harmonie et la sérénité, un minimum de règles de savoir-vivre doit être respecté.

Pour que la famille range, il faut que le rangement soit ultra pratique

Une des raisons pour lesquelles une famille déteste ranger est probablement la mauvaise organisation des rangements. Examinons la fin du dîner par exemple : en principe, lorsque celui-ci est terminé, les membres de la famille se mettent à débarrasser la table. Mais ils ne rangent, disons, qu'à 80 %. Pourquoi délaissent-ils le reste ? Observez attentivement la nature de ces choses et leur emplacement dans la cuisine. Ce sont probablement des endroits « embêtants », soit qu'ils soient difficiles d'accès (loin de la table, trop bas, trop haut ou trop profond dans un placard...), soit pas vraiment définis (où ranger un reste de gigot encore chaud ?), soit encore qu'il s'agisse d'un objet qui vient tout juste d'être acheté et qui n'a donc pas encore sa place définie. Ceux qui n'aiment pas ranger n'aiment pas non plus, en général, ce qui demande des efforts. Si les choses peuvent être remises sans effort à leur place, ils les rangeront.

La chambre d'un bébé

Quant à l'espace pour un bébé, il ne devrait pas nécessiter beaucoup de choses : quelques produits de toilette, une petite garde-robe, des couches et quelques peluches. Ce dont il a besoin, c'est surtout de temps et d'amour. Pourquoi le couvrir de jouets, peluches et mille autres choses ? Un petit bac en plastique sous son lit devrait suffire à contenir ses jeux et jouets. Quant à ses soins, une commode à tiroirs et une planche pour le changer et le nettoyer avec les produits à portée de main peuvent faire office de table à langer. Assurez-vous seulement que le coussin sur lequel il est changé soit stable et correctement rembourré et placé à la bonne hauteur pour ne pas fatiguer votre dos. Souvenez-vous que tout équipement « spécial bébé » est inutile (si ce n'est à faire plaisir aux parents !). Et puis, lorsque les enfants sont un peu plus âgés, demandez-leur s'ils accepteraient de donner leurs jouets avec lesquels ils ne jouent plus à des enfants qui n'en ont pas. Les enfants n'ont l'esprit mercantile que si on le leur enseigne. Leur bon cœur, lui, est naturel.

UNE MÈRE JAPONAISE ET L'ÉDUCATION DE SA FILLE

> « L'art se nourrit de contraintes
> et meurt de liberté. »
>
> Léonard DE VINCI

Voici comment une amie japonaise m'a décrit l'éducation de sa fille, jeune femme actuellement adulte, brillante, équilibrée et charmante :

« Le jour de son troisième anniversaire, j'appelai ma fille et lui annonçai le cadeau que j'allais lui faire : le privilège, désormais, d'ouvrir et de fermer à sa guise tous les rideaux de la maison, matin et soir. Je lui expliquai que maintenant elle était grande et que je lui faisais là un grand honneur auquel, je l'espérais, elle saurait être à la hauteur. Ma petite fille fut ravie de ce "cadeau" et chaque matin, chaque soir, elle eut désormais hâte de mettre à exécution cet important devoir.

Le jour de son quatrième anniversaire, je lui confiai l'arrangement des chaussures dans l'entrée de la maison, lui expliquant que c'était là une responsabilité très sérieuse car si les invités voyaient des chaussures en désordre, cela porterait la honte sur la famille. Ma petite fille, très honorée d'être ainsi chargée de la fierté de sa famille, s'appliqua dès lors à remettre en place chaque jour les chaussures côte à côte et à ranger celles non portées dans le placard.

Le jour de son cinquième anniversaire, ce fut un autre privilège que je lui offris : le choix des fleurs dans l'entrée. Ce fut l'occasion pour moi de lui enseigner le nom des fleurs, de lui apprendre à toujours disposer des fleurs anticipant la saison à venir et aussi de lui inculquer quelques concepts basiques d'ikebana (choix des vases en fonction des fleurs et des volumes). »

Cette amie m'énuméra ainsi chacun des « privilèges » qu'elle offrait en cadeau à sa fille pour chacun de ses anniversaires. À quinze ans par exemple, l'adolescente reçut une somme mensuelle pour payer l'eau, le gaz et l'électricité. Elle devait veiller à ce que personne dans la maison ne fasse de gaspillage si elle voulait qu'il lui reste un peu d'argent de poche.

Son dernier « cadeau » fut, le jour de ses 18 ans, l'autorisation de choisir les menus selon ses envies et les « bonnes affaires » du marché (son argent de poche serait dès lors ce qui lui resterait de l'argent des courses pour la nourriture). Sa mère exigeait seulement que sa fille n'achète que des produits très frais, de qualité et de saison. Elle lui enseigna ainsi à marchander en fin de journée, à comparer les prix d'un étalage à l'autre, etc. L'autre partie de son argent de poche était fixée, depuis plusieurs années, en fonction de ses résultats scolaires : elle donnait en yen à sa fille la même somme que les notes obtenues. Elle lui expliqua que le travail d'un enfant est de parfaire son éducation tout comme celui d'un adulte d'aller travailler. Et que, sans résultats, il n'y a pas d'augmentation (argent de poche ou salaire). Il n'est ni normal ni bon, ajouta-t-elle, qu'un enfant reçoive de l'argent de poche sans ne rien faire : il ne comprendrait pas plus tard la valeur de l'argent reçu en échange du travail fourni.

Cette mère maintint ainsi ce système d'éducation pour sa fille jusqu'à l'université. Inutile de le préciser, celle-ci devint une excellente étudiante. Mais le seul « privilège » qu'elle ne lui accorda jamais fut l'assaisonnement des plats : « *Tant que c'est moi la maîtresse de maison, vous aurez tous, dans cette maison, à accepter mes goûts. Lorsque tu seras mariée, ce sera à toi de choisir les goûts des mets de ta famille. C'est ainsi que fonctionne la* société : *il faut s'accommoder du choix des autres tant que l'on dépend d'eux.* »

— Mais pourquoi une telle éducation, demandai-je enfin ?

— Maintenant je suis divorcée mais j'ai vécu de longues années sous le toit d'un père très strict, puis dans la maison d'une belle-famille où je n'avais même pas l'autorisation de tirer un rideau ou d'ouvrir une fenêtre lorsque j'avais trop chaud. Cette liberté m'est apparue extraordinaire lorsque j'ai pu enfin divorcer. C'était un tel luxe ! Prendre des initiatives, avoir des choix dans la vie est un privilège dont nous ne mesurons pas le prix. C'est cela que j'ai voulu enseigner à ma fille ».

MAIS FINALEMENT,
À QUOI SERT DE RANGER ?

L'essentiel pour chacun n'est pas seulement d'y voir clair dans ses placards mais de mieux se connaître et de s'accepter sans faire violence à sa propre nature. Le rangement ne s'appréhende pas de la même façon selon qu'il s'agisse d'un adolescent, d'un employé de bureau ou d'un artiste. Pour l'adolescent, les avantages du rangement seront peut-être de mieux retrouver ses affaires, de ne plus subir les « range ta chambre » ou d'éviter une réputation de « mimi cracra » lorsque ses amis lui rendent visite. Pour l'employé de bureau, le rangement peut être une obligation. Nombre d'employeurs imposent d'ailleurs des normes de rangement à leur personnel (pas plus de cinq gestes et moins de 30 secondes pour mettre la main sur un document, des couleurs de chemises de rangement imposées – grises pour les appels d'offres, rouges pour la gestion courante, etc.). Certaines entreprises prennent, dit-on, en compte la netteté d'un bureau dans leurs évaluations de fin d'année, chaque employé se devant d'être efficace pour optimiser son temps et ainsi prouver sa crédibilité. On ne fait pas forcément confiance, explique Thierry Gandillot dans une interview au magazine *Challenges*, à un agent immobilier dont « le bureau est une bauge ».

Mais tout ceci ne prouve pas que certains « bordéliques » ne soient pas capables de ranger dans leur tête. Albert Einstein ne disait-il pas « Si un bureau dénote un esprit brouillon, que dire d'un bureau vide ? » ! L'essentiel est d'être à l'aise dans son propre système. La tyrannie du tout-ranger n'est pas valable pour tous. Certains ont sur leur bureau d'impressionnantes piles de documents mais sont capables de tout retrouver en un clin d'œil car leur désordre apparent est en fait d'une grande logique. Certaines jeunes femmes ne jurent que par les vêtements exposés sur des portants dans leur chambre ou sur des cintres au mur, leur collection de ballerines et de talons aiguilles sur des étagères, le tout à portée de main, visible, pour ne plus avoir à fouiller dans un placard ou une boîte. Pour elles, tout doit être pratique et en même temps décoratif. Comme dans une loge de cinéma.

Tout ce qu'il faut, c'est que chacun prenne conscience de son efficacité mais aussi de son bien-être dans un environnement donné. Ranger, organiser son intérieur, c'est donc une forme de liberté, un luxe. Le monde matériel n'est peut-être pas ce qu'il y a de plus important dans la vie mais, que nous le voulions ou non, nous en sommes tributaires : de lui dépendent notre confort, notre équilibre et notre santé. Il est toujours bon d'avoir au moins le contrôle de ce qui est en son pouvoir dans un monde de plus en plus chaotique, incontrôlable et angoissant.

Ranger (que ce soit apparent ou dans sa tête) aide à vivre sainement et naturellement, libre du poids des choses matérielles, donc à se sentir plus léger. Vivre dans un intérieur organisé permet de s'octroyer sans culpabilité, indécision ou stress, le temps de véritablement vivre. Et d'être aussi efficace et performant dans le travail que capable, les heures de loisir, de paresser, lire, se détendre ou faire don de sa disponibilité aux autres. De profiter, en un mot, de chaque instant.

C'est dans ce sens que l'art de mettre les choses à leur place devrait prendre toute sa dimension : créer de l'ordre autour de soi pour en ressentir en soi. Ne serait-ce pas là le secret du bonheur, ou, du moins, l'une de ses composantes ? Nous avons tous besoin, dans notre vie, de plus de liberté, de plus de sérénité, de plus de bien-être, de plus de temps pour savourer une paresse choisie (et non subie par le poids de la vie). Eh bien voici la solution : rangeons, ordonnons, classons, réorganisons si nous en éprouvons le besoin. Apprenons alors à faire du rangement notre allié, notre ami et un délicieux complice.

11548

Composition
NORD COMPO

Achevé d'imprimer en Espagne
par BLACK PRINT
le 1ᵉʳ octobre 2019.

Dépôt légal août 2016
EAN 9782290111710
OTP L21EPBN000358A004

ÉDITIONS J'AI LU
87, quai Panhard-et-Levassor, 75013 Paris

Diffusion France et étranger : Flammarion

THE VEIL
AND THE FLAME

Book One in the Flame Series

**THE
FLAME
SERIES**

Carl Lyons

SPIKE ISLAND

Published by Spike Island Studios, London.

ISBN: 9798291823163

First Edition: 2025